民國歷史與文化研究

二 編

第 **11** 冊

中國八年抗日戰爭日程實錄（上）

張在廬◎主編
李秀勤 張雲超 李曉東◎編著

花木蘭文化出版社

國家圖書館出版品預行編目資料

中國八年抗日戰爭日程實錄（上）／張在廬 主編 李秀勤 張雲
超 李曉東 編著 -- 初版 -- 新北市：花木蘭文化出版社，2015〔
民 104〕
序 4+ 目 4+226 面：19×26 公分
（民國歷史與文化研究 二編；第 11 冊）
ISBN 978-986-404-279-1（精裝）
1. 中日戰爭

628.08   104012463

ISBN- 978-986-404-279-1

民國歷史與文化研究
二 編 第十一冊   ISBN：978-986-404-279-1

中國八年抗日戰爭日程實錄（上）

作　　者　張在廬 主編 李秀勤 張雲超 李曉東 編著
總 編 輯　杜潔祥
副總編輯　楊嘉樂
編　　輯　許郁翎
出　　版　花木蘭文化出版社
社　　長　高小娟
聯絡地址　235 新北市中和區中安街七二號十三樓
　　　　　電話：02-2923-1455／傳真：02-2923-1452
網　　址　http://www.huamulan.tw 信箱 hml810518@gmail.com
印　　刷　普羅文化出版廣告事業
初　　版　2015 年 9 月
全書字數　218111 字
定　　價　二編 24 冊（精裝）台幣 45,000 元

中國八年抗日戰爭日程實錄（上）

張在廬　主編

李秀勤　張雲超　李曉東　編著

作者簡介

　　《中國八年抗日戰爭日程實錄》的主編爲張在廬，天津市寧河縣蘆臺鎮人，生於 1929 年，早年曾經在河南省內的研究所和大學從事經濟歷史研究與教學工作，擔任過教授和研究員職務。現已退出崗位，在鄉自選課題項目，進行有關抗日戰爭等方面的歷史知識普及和學術探討，並參加關愛抗戰老兵活動。編著本書的合作者均仍在教育界工作。

提　　要

　　八年的抗日戰爭，全國人民付出重大代價，終於打敗了日本侵略者，拯救了危亡的國家，一雪百年喪權辱國之恥，壯大了國威。在抗戰當中，將士們在裝備訓練較差的條件下，流血犧牲，勝利來之不易，這是中國有史以來少有的壯舉。中國的抗日戰爭在世界反法西斯戰爭中也具有極爲重要的地位，是抗擊法西斯侵略時間最長的戰場，是國際反法西斯戰爭的重要組成部分。爲了使中國人民不忘之一段慘痛歷史，以年爲章，以月爲節，以日爲目，逐日記述了八年抗日戰場上發生以戰鬥爲主的事情，名爲《中國八年抗日戰爭日程實錄》。

序　言

　　二十世紀已經逝去，回顧往事，百年來，中華民族是多災多難。世紀之初的第一個年頭，就遭遇八國聯軍侵華之禍，此後國事維艱，災禍連連。世紀之初，唱開場墊戲的中方主持者是清政府，一紙「辛丑條約」埋下了即將亡國的種子。清政府只唱了十一年，就下戲了。接下來唱主角的是「北洋政府」和革命黨。國民政府成立後，左右國家浮沉者又是國、共兩黨。研究在這個時期的國家一切成敗、榮辱、興衰、窮通、是非、曲直可都要歸於當事者，責無旁貸。中國在十九世紀是以東、西方列強瓜分為特徵，人民飽受外國侵略者的欺凌。二十世紀外患主要是日本；內憂則是連年的內戰。

　　戰亂使中國人的血把國旗越染越紅。據新華通訊社報導，從辛亥革命到新中國成立，普通百姓不計，只革命烈士又經共產黨認可的就有二千多萬人。但民政部登記在冊的只有一百六十七萬人，不足十分之一。當然屬於國民黨領導行列的，除少數被列為烈士外，包括死於抗日的大部將士，是不會沾不上邊。算上芸芸眾生約有半億人命喪無常。新中國建立後，通過各種運動死者也不下半億。特別是「文化大革命」被稱為「十年浩劫」。中國幾億人，互相鬥爭，認真地開展了史無前例的十年內戰，都認為對方是階級敵人，置於死地而後快。可以肯定：百年來，這一億亡魂有百分之八十是死於內戰的。而一衣帶水的鄰國，在靖國神社中供奉了246萬亡靈，死於內戰的只有1.4萬人，約為中國內戰死亡人數的百分之一。中國內戰亡魂的絕對數則高出其數千倍之多。

　　「春秋無義戰」。這種內戰，多行不義。無論是分茅列土各路諸侯，登峰造極的哪方英豪，不管起始宗旨是多麼崇高堂皇，行為是多麼宏大奇偉，戰

果是多麼輝煌燦爛，最終不過是「競折腰」而已。軍閥連年混戰，究竟給人們帶來什麼，普通平民只能感到的是「耕田而食，鑿井而飲，日出而作，日沒而息，帝力於我何有哉！」對庶民們的關懷、暴力；拯救、殘殺；恩惠、冤仇，「剪不斷，理還亂」，真所謂「當代不明當代事，前人是非後人談。」

而在這一個世紀中，其中最值得中國人大書特書的「正義之戰」，就是全民抗日戰爭。中國通過《馬關條約》、《辛丑條約》、《樸次茅斯和約》、《淞滬停戰協定》、《塘沽協定》、《何梅協定》等一系列不平等條約，引狼入室，日本侵略者步步蠶食中國。在二十世紀真正的中華民族的壯舉就是抗日戰爭，國共兩黨都為抗日戰爭作出偉大的貢獻，勞苦功高，有目共睹，是不可磨滅的事實。既不是「躲在峨眉山上」、也不是「遊而不擊」。八年全國抗戰，中國軍隊的重要戰役進行了 200 多次，大小戰鬥近 20 萬次，在英勇奮戰的日日夜夜裏，那些離我們而去的英雄們的魂魄，會長留在中華民族的精神世界。所有在抗戰中犧牲的人都是英雄，都應該被銘記。要向所有在抗日戰爭中犧牲的英雄致敬！

八年來，為了拯救危亡的國家，全國人民付出重大代價，經過堅苦的鬥爭，終於打敗了日本侵略者，一雪百年喪權辱國之恥，壯大了國威。在抗戰當中，將士們在裝備訓練較差的條件下，流血犧牲，勝利來之不易，這是中國有史以來少有的壯舉。古來的愛國將領岳飛、文天祥、瞿式耜、史可法、袁崇煥、張煌言等，結局都是悲壯的。這次抗日戰爭我們勝利了，沒有留下像陸放翁詩中所云：「死後原知萬事空，但悲不見九州同」的終古遺憾。

中國抗日戰場一般提法有兩個戰場，即國民黨的正面戰場和共產黨的敵後戰場，而實際上中國戰場更錯綜複雜得多，「兩個戰場論」還不足以說明抗日戰場全貌。除了中國和日本的民族之間戰爭外，還夾雜著國共兩黨之間的內戰，有時還相當激烈。例如；1940 年 10 月黃橋之戰、1941 年 1 月皖南之戰等等，雙方傷亡都成千上萬。抗日戰爭中還有愛國抗敵人民和僞軍、漢奸之間的戰爭，國內有僞軍近二百萬，也是不可忽視的現實。另外還有日軍和僞軍之間的戰爭、僞軍之間互相爭奪地盤的戰爭，形成多種形式的戰爭場面。

中國的抗日戰爭在世界反法西斯戰爭中具有極為重要的地位。中國戰場是抗擊法西斯侵略時間最長（1931～1945 年）的戰場，它是國際反法西斯戰爭的重要組成部分，它揭開了第二次世界大戰的序幕。中國作為抵抗日本法西斯侵略的主戰場，長期單獨抵抗了窮兇極惡的日本軍國主義侵略，牽制了

日軍主力，扼制了日軍北進，推遲了日軍南下，有力地支持了歐洲、東南亞和太平洋戰場。

　　本書的編程，就是本著忠實歷史的精神，以年爲章，以月爲節，以日爲目，逐日記述抗日戰場上當日發生以戰鬥爲主的事情。以激勵中華民族愛國之心，紀念這些在抗日戰場做出貢獻的人。

在廬

第一章　八年抗戰序幕

　　國家之間都是有邊界的。戰爭按照通常的規律都是由邊境開始的。七七事變卻是起於中國腹地、文化的心臟北京盧溝橋中間炸開，燃起烽火。這確實個具有歷史的特色，不瞭解中國歷史的人是難以捉摸。中國政府腐敗無能，連年內亂，從 1900 年開始，通過《馬關條約》、《辛丑條約》、《樸次茅斯和約》、《淞滬停戰協定》、《塘沽協定》、《何梅協定》等一系列不平等條約，引狼入室，步步蠶食，日軍早已侵入中國腹地。佔領了整個東北，在華北駐軍已達到北平豐臺，在上海日本軍隊長期留駐吳淞、閘北、江灣引翔港。隨時都能夠進攻中國。

一、《馬關條約》——日本佔領臺灣，踏上朝鮮跳板

　　在近代史上，中國處於被列強欺凌、掠奪的狀況。在諸列強中，最為瘋狂、殘暴的就是日本。日本這個國家，自明治維新之後，國力大為增強，並開始以朝鮮和中國為侵略目標，推行其「大陸政策」。1895 年日本由於侵略朝鮮，中日發生了甲午之戰。中國戰敗，簽訂了《馬關條約》（又稱《春帆樓條約》）共 11 款，並附有「另約」和「議訂專條」。根據這不平等條約，廢絕中朝宗藩關係；割讓遼東半島、臺灣及澎湖列島給日本。條約簽訂後，由於俄、德、法三國的干涉，日本將遼東半島退還給中國。從 1894 年到 1905 年前後十年時間裏，日本先後在朝鮮和中國東北、中國臺灣發動兩次大規模的戰爭，把朝鮮全境和中國的臺灣省及琉求群島占為其殖民地。在此期間，日本軍事力量還只在邊境一帶，沒有深入到內地。

二、《辛丑條約》——日本在京山鐵路沿線駐兵，天津設司令部

　　義和團運動失敗後，1901 年清政府簽訂了《辛丑條約》，中國淪爲半殖民地，主權進一步淪喪。在北京東交民巷一帶設使館區，各國可在使館區駐兵，中國人不准在區內居住，列強包括日本軍事力量已經達到國家心臟部位；平毀大沽炮臺以及北京至天津海口的炮臺；各國可以在北京至山海關鐵路沿線駐兵。北京的使館區內列強駐兵、行政獨立，成了「國中之國」。外國取得北京至山海關的駐兵權，使中國京師關防洞開、無險可守。日本在使館區以及北京至山海關沿線駐軍爲 400 人，然而早在《辛丑條約》簽訂前的 4 個月，日本政府就以「護僑」、「護路」爲名，宣佈成立「清國駐屯軍」，任命大島久直中將爲第一任司令官，司令部設於天津海光寺，兵營分別設於海光寺和北京東交民巷，兵力部署於北京、天津、塘沽、秦皇島、山海關等地。以後隨著日本軍國主義對華侵略的擴大，日本駐屯軍又不斷地增加。1912 年，日本將「清國駐屯軍」改名爲「中國駐屯軍」。因該軍駐紮華北，通常被人們稱爲「華北駐屯軍」。從東北到關內北京日本都駐有軍隊駐紮。

三、《樸次茅斯和約》——沙俄將旅大的租借權讓給日本，關東軍警備南滿鐵路沿線

　　早在 1897 年（清光緒二十三年）12 月 19 日，沙俄藉口協助中國抵抗德國，派艦隊進佔旅順。1898 年 3 月 27 日，沙俄藉口「幫助中國人擺脫德國教士在山東被殺而強佔膠州灣事件」，清政府被迫與俄國簽訂了《中俄旅大租地條約》。沙俄強迫清政府訂立的關於租借旅順、大連的不平等條約。俄國租借旅順口、旅順灣及其附近海面這個條約和續約使中國東北全境成爲沙俄的勢力範圍。

　　1904 年 2 月發生日俄戰爭，雙方陸上交鋒的戰場中國東北。俄國失利。1905 年 9 月 5 日，日俄兩國在美國簽訂了《樸次茅斯和約》，背著中國，擅自在中國東北劃分「勢力範圍」。根據條約，俄國將過去所霸佔我國的庫頁島南半部（北緯 50 度以南）及其附近一切島嶼割讓給日本，將旅順、大連及附近領土領海的租借權讓給日本。條約簽訂後，清朝政府被迫與日本簽訂了《中日會議東三省事宜條約》，接受日、俄《樸次茅斯和約》，通過日俄講和條約，將中國旅順、大連等地的租借權和長春—旅順的鐵路及附屬設施的財產權利占爲己有。日本軍事力量已經在旅順、大連紮根。此後，日本創立了南滿洲

鐵路公司，關東軍負責鐵路沿線的警備，軍事力量由點已經發展爲一條線。

四、九一八事變──日本佔領東三省

當初在東北，日軍與當地軍閥張作霖維持了合作關係。但漸漸的，日本開始將張作霖視爲障礙。1928 年爲了除掉日本勢力擴張的障礙，關東軍將張作霖乘坐的列車炸毀，史稱皇姑屯事件。

皇姑屯事件在國際上並未引起大的關注，但是張作霖的繼承人張學良進一步對日本採取不合作的態度，並開始在南滿洲鐵路附近建設新的鐵路設施，通過低廉的價格與之競爭，導致南滿洲鐵路陷入了經營危機。感到危機感的關東軍不斷提出抗議，但張學良並不願意妥協。因此日本帝國擴張實力代表石原莞爾、坂垣征四郎等人，鼓動日本政府決定發動戰爭來奪得主導權。

1931 年 9 月 18 日夜 22 時左右，奉天（現稱瀋陽）北面約 7.5 公里處的柳條湖南滿洲鐵路段上發生爆炸，據稱鐵路軌道被嚴重破壞。駐守當地的日本軍詭稱這次爆炸是張學良領導的東北軍所爲，於是直接挑起戰鬥，開始了佔領中國東北全境的戰爭。

此次爆炸事件後，計劃趕到現場進行緊急維修的南滿洲鐵路員工被關東軍士兵攔阻。而且在爆炸之後不久，當時的快速列車也能夠安全通過這個路段，由此可見這次爆炸的規模不大。當時中國東北軍北大營就設在柳條湖附近，聽到爆炸聲的士兵趕出來正欲調查，卻被守候在此的關東軍射殺，隨即北大營也被關東軍佔領。張學良所屬逾萬名守軍被只有 500 多人的日軍擊潰。第二天，奉天、長春、營口等城市全都被關東軍迅速佔領。隨即在幾天內侵佔 20 多座城市及其周圍的廣大地區。這就是當時震驚中外的「九‧一八」事變。接著分兵侵佔吉林、黑龍江。至 1932 年 1 月，東北三省全部淪陷。日本軍事佔領，已經有點、線發展到一大塊。1932 年 3 月，在日本帝國主義的扶持下，傀儡政權──僞「滿洲國」在長春建立。從此，日本帝國主義把我國東北變成它獨佔的殖民地。

五、《淞滬停戰協定》──日軍留駐吳淞、閘北、江灣等地，中國 軍隊卻不設防。

上海公共租界日本區，也有稱日租界，實際上只是對於虹口一帶的日本人聚居區的一種習慣性稱呼，沒有正式法律地位。藉口在華界馬玉山路的三友實業社附近，五名日本僧人被毆打，故意挑起事端。1932 年 1 月 28 日，日

軍悍然襲擊我閘北等，以駐軍十九路軍為主的上海軍民奮起抵抗。5 月 5 日，中日雙方代表在上海英國領事館簽訂了《淞滬停戰協定》。中國實際上承認日本軍隊可以長期留駐吳淞、閘北、江灣引翔港等地，而中國軍隊卻不能在上海周圍駐紮設防。日本軍事力量又在上海插入一腳。

六、《塘沽協定》——日軍佔領熱河，日軍自由出入綏東、察北、冀東，敞開華北大門

1933 年 3 月，日軍佔領熱河，並大舉進攻長城各口，中國守軍奮起抵抗。5 月 31 日國民政府派熊斌與日本代表岡村寧次在塘沽簽訂停戰協定。規定中國軍隊撤至延慶、通州、寶坻、蘆臺所連之線以西、以南地區，以上地區以北、以東至長城沿線為武裝區，實際上承認了日本對東北、熱河的佔領，同時劃綏東、察北、冀東為日軍自由出入地區，從而為日軍進一步侵佔華北敞開了大門

七、《何梅協定》——喪失河北省的主權

1935 年 5 月初，天津日租界漢奸報《國權》社長胡恩溥、《振報》社長白逾桓相繼被暗殺。日本政府以這一事件為口實，並藉口遵化縣縣長接濟熱河義勇軍孫永勤部隊是破壞了《塘沽協定》，於 5 月 29 日向國民政府提出種種無理要求。同時，大批日軍進入山海關，直逼北平、天津。6 月初，國民黨北平軍分會代理委員長何應欽開始和日本華北駐屯軍司令官梅津美治郎舉行秘密談判。7 月 6 日，何應欽寫信給梅津美治郎，正式接受日方的各項要求，秘密簽訂了《何梅協定》。但是，根據何應欽的說法，僅係一單純的「通知」，並非協定，他本人並未簽字、蓋章。但日本人則認為雙方「協議」已經成立，稱之為「華北協定」，以此破壞中國在華北的行政主權。1935 年 12 月初，因日方軍機以「協定」為由，任意飛臨北平上空示威，何應欽第一次透過報紙發表聲明，否認有「協議」之存在；1936 年 1 月，蔣介石對全國中校校長及學生代表談話，亦公開否認有何梅協議。中國一再否認，日方並不理睬。

《何梅協定》的主要內容是：取消河北省的所有國民黨黨部；中國撤退駐河北的東北軍第五十一軍、國民黨中央軍及憲兵第三團；撤換河北省政府主席于學忠及平、津兩市市長，撤消北平軍分會政訓處；取締反日團體及反日活動。這樣，中國對於河北省的主權幾乎喪失殆盡。1935 年 11 月 25 日在通州日本人成立的傀儡政權冀東防共自治委員會，後改為冀東防共自治政

府。管轄冀東的二十二縣，殷汝耕為冀東防共自治政府政務長官，不受冀察政務委員會管轄，完全受日本人控制的漢奸組織。

日本侵略者陸續運兵入關。到 1936 年，日軍已從東、西、北三面包圍了北平城。為了應對日本，將北平軍事委員分會撤銷，何應欽調回南京，並將中央之黃傑、關麟徵兩師調離平津，另調駐察哈爾境。宋哲元二十九軍移防平津，任命宋為冀察政務委員會委員長，兼北平綏靖主任，造成華北特殊化之地位，使在形式上雖隸屬中央，而實際則完全受日方之操縱指使。迄經交涉，其和平侵佔之狡計迄未得逞。其不得不以武力侵佔之企圖，已箭在弦上，待機發動。

八、抗戰前夜──抗戰前驅第二十九軍戰前部署

在七七事變前約兩年的時間內，宋哲元以第二十九軍軍長兼冀察政務委員會委員長及北平綏靖主任身份，所有冀察兩省平津兩市之政務及駐軍統歸其節制、指揮。當時因軍政關係密切，所以行政長官多由軍事首長兼任，如河北省政府主席由第三十七師師長馮治安兼任；察哈爾省政府主席由第一四三師師長劉汝明兼任；天津市長由第三十八師師長張自忠兼任；北平市長二十九軍副軍長秦德純兼任。華北防務完全交由二十九軍負責。該軍四個師分佈情形：第三十七師駐守北平、南苑、西苑、豐臺、保定一帶；第三十八師分佈在天津、大沽、滄縣、廊坊一帶；第一四三師分佈在張家口、張北縣、懷來縣、涿鹿縣及蔚縣一帶；第一三二師分佈在河北省南部大名、河間一帶。日本侵略軍於一九三七年七月七日夜，藉口日軍在盧溝橋附近演習之一中隊，在整隊回防時，因走失士兵一名，誣指被二十九軍官兵劫持進入宛平城，要求率隊入城檢查。經我方拒絕後，至翌日拂曉前日方調集其豐臺駐軍，向我盧溝橋城進犯；我方為維護領土完整及主權獨立遂奮起應戰，掀起中日全面戰爭之序幕。第二十九軍在盧溝橋事變中首先與日軍交鋒，前又有喜峰口大刀隊抗日之英名，而聞名於世。1937 年 10 月該軍為了抗戰需要，軍事委員會決定擴編為第一集團軍，轄第五十九軍、第六十八軍、和第七十七軍。二十九軍番號撤銷，後又將二十九軍番號授予其他部隊。

北平豐臺為交通樞紐，駐有第三十七師混成部隊一營。日軍亦基於辛丑條約之規定，在該處駐一大隊。曾於二十五年秋冬之交某日，我軍因出發演習，適日軍演習完畢回營，兩軍在馬路上相遇，彼此不肯讓路，致起衝突，

相持竟日，雙方均有傷亡。迭經交涉，終以誤會了事。此後日軍益趨驕橫，屢向宋哲元提出華北特殊化之無理要求，同時依附日閥之漢奸潘毓桂、陳覺生等復爲虎作倀，從中慫恿，極盡威脅之能事，均經宋哲元嚴詞拒絕。爲了躲避日本人糾纏，宋哲元請假暫回山東樂陵原籍，爲先父修墓。七七事變當日，宋哲元並不在北平。

第二章　1937 年：蘆溝橋事變 淞滬抗戰 忻口會戰 南京保衛戰

1937 年 7 月　平津先後失守

7 月 7 日

〔1〕1937 年 7 月 7 日下午，日本華北駐屯軍第一聯隊第三大隊第八中隊由大隊長清水節郎率領，荷槍實彈開往緊靠蘆溝橋中國守軍駐地的回龍廟到大瓦窯之間的地區。晚 19 時 30 分，日軍開始演習。23 時 40 分，日軍聲稱演習地帶傳來槍聲，並有一士兵志村菊次郎「失蹤」，立即強行要求進入中國守軍駐地宛平城搜查，遭到中國第二十九軍第三十七師第一一〇旅第二一九團嚴詞拒絕。日軍一面部署戰鬥，一面藉口「槍聲」和士兵「失蹤」，假意與中國方面交涉。24 時左右，冀察當局接到日本駐北平特務機關長松井太久郎的電話。松井稱：「日軍昨在蘆溝橋郊外演習，突聞槍聲，當即收隊點名，發現缺少一兵，疑放槍者係中國駐蘆溝橋的軍隊，並認為該放槍之兵已經入城，要求立即入城搜查」。中方以時值深夜日兵入城恐引起地方不安，且中方官兵正在熟睡，槍聲非中方所發，予以拒絕。不久，松井又打電話給冀察當局稱，若中方不允許，日軍將以武力強行進城搜查。同時，冀察當局接到蘆溝橋中國守軍的報告，說日軍已對宛平城形成了包圍進攻態勢。冀察當局為了防止事態擴大，經與日方商議，雙方同意協同派員前往蘆溝橋調查。此時，日方

前所聲稱的「失蹤」士兵實已歸隊，但隱而不報。7月8日晨5時左右，日軍突然發動炮擊，中國第二十九軍司令部立即命令前線官兵：「確保盧溝橋和宛平城，盧溝橋即爾等之墳墓，應與橋共存亡，不得後退」。守衛盧溝橋和宛平城的第二一九團第三營在團長吉星文和營長金振中指揮下進行戰鬥。

手持大刀片的第 29 軍士兵守衛盧溝橋

7月8日

〔1〕中日雙方談判，日方今井少佐向北平市長秦德純提出要求，中國軍隊於 8 日 11 時先自盧溝橋撤退，中國方面堅決予拒絕，談判遂無結果。上午 11 時戰爭復作。平漢路交通中斷，平津電話線路兩度不通。下午 13 時，大批日軍增援部隊開到盧溝橋附近，佔領各重要路口及龍王廟、鐵路橋。

〔2〕下午，北平各界愛國人士及長辛店工人派代表慰問抗日將士，支持
二十九軍抗戰，在宛平城內追悼陣亡烈士。

〔3〕晚，日軍又向宛平城攻擊，連續三小時，遭到中國軍隊的英勇反擊。

〔4〕同日，日軍佔領豐臺。

〔5〕蔣介石電令冀察當局：宛平城應固守勿退，平時全體動員，以備事
態擴大。外交部向駐華使館提出口頭抗議。

〔6〕中國共產黨為日軍進攻蘆溝橋通電全國：平津危急！華北危急！中
華民族危急！只有全民族實行抗戰，才是我們的出路！並為日寇進攻華北致
電蔣介石，要求『實行全國總動員，保衛平津，保衛華北，收復失地。致電
宋哲元等，要求他們堅決抗戰，表示紅軍願為後盾。

〔7〕天津日軍部派代表飛赴長春，商調關東軍入關增援。雙方劍拔弩張，
形勢險惡。

七七事變爆發後中華民族解放先鋒隊到前線慰勞 29 軍

7月9日

〔1〕早晨四時，日本特務機關長松井提出失蹤士兵已找到，可望和平解

決。但在晨六時日軍河邊正三旅團長率部仍向宛平城發炮 70 餘發，7 時半才停止。

〔2〕中國冀察當局與日軍議定停戰辦法：一、雙方立即停止軍事行動；二、雙方部隊撤回原防；三‧蘆溝橋由冀北保安隊石友三部駐守。

〔3〕中國方面遵約撤軍，但日軍卻大批調兵並向中國軍隊進攻。石友三部保安隊去蘆溝橋途中在大井受阻。直至下午六時才進城接防。

〔4〕晚，日軍仍隱藏在鐵路、涵洞中，不按協議撤退。

〔5〕中國工農紅軍領導人致電蔣介石，要求全國總動員進行抗日鬥爭，並代表紅軍請纓殺敵。彭德懷等致電國民政府，要求立即將紅軍「改名爲國民革命軍」，作抗日先鋒，與日寇決一死戰。

〔6〕中國方面，孫連仲二十六路軍兩個師由鐵路向石家莊、保定運輸。歸宋哲元指揮。

7月10日

〔1〕晨二時，日軍又試圖攻宛平城，開槍射擊，我軍奮力反擊。

〔2〕上午，河北省第三行政區督察專員兼宛平縣長王冷齋與日本華北駐屯軍司令部中佐參謀官中島、北平市長秦德純舉行聯席會議，協議停戰撤兵。正準備執行，中島卻以接電話爲由，不辭而別。

〔3〕日軍由天津、古北口、山海關等處調來援兵，帶有火炮向蘆溝橋推進。15 時，大批日軍佔領小井、大井一帶，破壞電線，阻斷交通。17 時，用重炮掩護猛攻宛平、蘆溝橋、廣安門。中國守軍堅守反擊日軍。

駐宛平縣城的中國軍隊出城抗擊日軍的進攻

7 月 11 日

〔4〕中日雙方代表繼續談判商定停戰條件。晚，經秦德純同意，由中方張自忠、日方松井太久簽訂協定三項。19 時，中方林耕宇、日方中島等人到盧溝橋前線監視撤兵。但日軍並未按協定撤兵，繼續用炮火轟擊宛平城。

〔5〕日本首相近衛文麿召開內閣緊急會議，決定派關東軍、朝鮮軍向華北增派兵力，并延長日本西部各師團的退伍期限，以擴大侵華戰爭。香月清司為日本華北駐屯軍司令，替代暴斃的田代皖一郎。

〔6〕日本駐華海軍司令官長谷川乘旗艦來上海，討論所謂撤僑問題。

〔7〕二十九軍軍長宋哲元由山東樂陵原籍回到天津。

〔8〕何應欽七七事變後首次在南京召開會議，研究備戰問題，向前方運送武器、彈藥；在太原建立空軍基地；準備物資、醫院；調動軍隊準備應戰。

7 月 12 日

〔1〕豐臺、通縣等地日軍向中國軍隊挑釁，並在天津集結飛機 200 餘架助戰。

〔2〕晨 1 時，日軍由大井村向財神廟進犯，我軍猛烈還擊，日軍不支而退。至晚，宛平一帶展開大範圍的交戰，陷入混戰狀態，局勢更難收拾。

〔3〕日軍佔領天津東站。

〔4〕新調來天津的有原駐朝鮮的第十師團{磯谷師團}4000 多人，其先頭部隊由川口少將統率，尚有由坂垣征四郎統率的第五師團亦將來津。關東軍酒井旅團和鈴木旅團此時已越長城古北口向北平郊區集結。

〔5〕蔣介石電示二十九軍軍長宋哲元，以不屈服、不擴大之方針，就地抵抗日軍。並令中央軍集中保定，在永定河、滄（縣）保（定）一線佈防。

〔6〕美國國務卿赫爾分別照會中、日兩國駐美大使，勸告雙方停止衝突。

7 月 13 日

〔1〕中午，中日雙方軍隊在永定門外發生衝突。

〔2〕中國軍政部召開盧溝橋事變後第三次會議，部署江南一帶的防務，調動軍隊。

7 月 14 日

〔1〕蔣介石派參謀次長熊斌北上，責令宋哲元移駐保定。

〔2〕晚上 8 時，天津日軍 1500 人，包括步、騎和炮兵部隊，從海光寺兵營開出，在大街上示威。同時，天津日軍開往豐臺助陣，經過平津間落垡車站與我軍衝突。

〔3〕宋哲元在天津找二十九軍要人研究和平辦法，雙方派代表到盧溝橋監視撤兵。

〔4〕中共中央軍委發布《關於紅軍改編開赴抗日前線》的命令。

〔5〕日軍又從國內向中國抽調 7 個飛行大隊、4 個獨立飛行中隊等，編成臨時航空兵團，以德川好敏中將為兵團長，分別部署在山海關、錦州、大連地區。

7 月 15 日

〔1〕中共中央向國民黨送交《中國共產黨為公佈國共合作宣言》。宣言以團結抗日，實現民主、改善民生為主旨，提出取消蘇維埃政府、改編紅軍為國民革命軍等具體建議。

7 月 16 日

〔1〕日本內閣五相會議決定增調 10 萬人來華，動員 40 萬人，準備擴大侵華戰爭。

〔2〕美國國務院發表關於中日戰爭的聲明：它對（中日）衝突的原因還不清楚，日本和中國對於所發生的事件要負同等責任。

〔3〕中國國民政府就「盧溝橋事件」向除日本外的九國公約各締約國及蘇、德等國政府送交備忘錄，指責日本破壞《九國公約》。

〔4〕四川劉湘、潘文華等將領通電全國各省，主張「同德一心，共同禦侮」，將四川部隊按照軍委會方案加速整編。

7 月 17 日

〔1〕蔣介石在盧山發表談話，宣稱：準備應戰。盧溝橋事變是最後關頭，我當堅持最低限度立場。出席會議的有中共代表周恩來、博古、林伯渠等。

7 月 18 日

〔1〕中國軍隊萬福麟五十三軍一個師進駐琉璃河，商震三十二軍向石家莊集中。龐炳勳四十軍移駐滄縣。

〔2〕蔣介石致電宋哲元、秦德純：「日人不重信義，勿受其欺」。

7 月 19 日

〔1〕蔣介石在蘆山舉行軍事委員會會議，決定對日作戰。

〔2〕宋哲元接受日華北駐屯軍司令所提出的：一、冀察當局向日軍道歉；二·第二十九軍從平津、蘆溝橋、永定門以東撤退；三、鎮壓抗日救亡運動，實行中日共同防共等「停戰」條件。但又對英國領事及記者說，簽字之事敷衍日方面子。宋哲元回到北平，下令打開城門，撤去沙包。三十七師撤往保定。張自忠代表二十九軍與日本「中國駐屯軍」參謀長橋本群簽訂按照日方提出七條，簽訂細目協定。《停戰協定第三項誓文》秘密條款屈從日軍的要求，全面彈壓和撤銷共產黨、藍衣社以及各「排日團體」，並撤出北平城內的第三十七師。

〔3〕同日，日本「中國駐屯軍」司令官發表聲明：「從 20 日午夜以後，駐屯軍將採取自由行動」。與日本「中國駐屯軍」參謀長橋本群簽訂日本軍用飛機 50 架運抵天津機場。

7 月 20 日

〔1〕中國第二十九軍軍長宋哲元會見日本特務機關長松井等人，保證阻止中央軍北上，並商談將第三十七師撤出北平事宜。同時發表通電，謝絕全國各地和海外僑胞的勞軍捐款。

7 月 23 日

〔1〕中共中央發表《為日本帝國主義進攻華北第二次宣言》。同日，毛澤東發表《反對日本進攻的方針、辦法和前途》一文。

〔2〕天津日軍運送軍火載重汽車 40 輛到豐臺。

7 月 25 日

〔1〕東北抗聯第一路軍總司令部發布《為響應中日大戰告東北同胞書》。

〔2〕七七事變後東北僞軍響應抗日多起，如僞寧安縣三道河子森林警察大隊 150 人，在大隊長李文彬率領下反正，參加東北抗日聯軍第五軍，編為警衛旅。

〔3〕日軍藉口修理電線，向廊坊中國守軍第二十九軍第三十八師第一一

三旅第二二六團發動進攻，並佔領廊坊車站，製造了「廊坊事件」。廊坊中國守軍奮起抵抗，日軍又增調大批援軍，雙方展開激烈交戰。

7月26日

〔1〕日軍在飛機轟炸中與我三十八師激戰，後，廊坊被日軍完全佔領。

〔2〕東京參謀本部令香月清司動武，向二十九軍軍長宋哲元發出最後通牒，要求宋部撤出北平退至冀南，被宋拒絕。宋哲元任命趙登禹為南苑指揮官阻擊日軍。

7月27日

〔1〕自27日起日軍在20架飛機配合下猛攻南宛、北苑。中國駐軍頑強抵抗，傷亡官兵約5000餘人，被迫退出陣地。

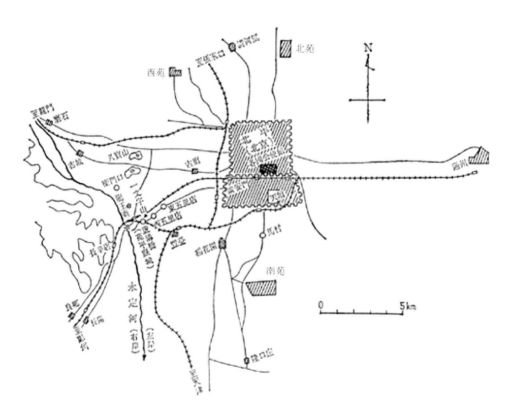

七七事變北平周邊的示意地圖

（可以看到南苑與宛平，正是夾著豐臺日軍的一個鉗口）

〔2〕蔣介石接見意大利、德國、法國大使，稱：我爲自衛生存而戰，希望國際主持公道。

〔3〕日本內閣緊急會議，發出三個師團動員令，並稱其內閣決心對華開戰。日本政府聲明在中國華北採取「自衛」行動；還向中國政府發出最後通牒，要求中國軍隊在7月28日以前撤離北京及其附近地區。

7月28日

〔1〕宋哲元、秦德純等深夜離北平至保定，宋手諭冀察政務委員會主席由張自忠兼代。

〔2〕日本侵略軍向北平發起總攻，猛攻北平南苑，守軍將領第二十九軍副軍長佟麟閣和一三二師師長趙登禹身先士卒，率部在北平南苑大紅門英勇抗擊，不幸先後壯烈犧牲。

南苑兵營的外牆，守軍的陣地，就在院牆外面的戰壕裏

〔3〕天津激戰。晨一時，駐守天津的三十八師副師長李文田率部襲擊日軍佔據的東局子飛機場、天津東站、海光寺日本兵營、日本紗廠等軍事設施。晨三時，日軍在大沽與我軍激戰。

〔4〕日本政府令撤離長江兩岸日僑29200多人回國。

7月29日

〔1〕北平被侵華日軍攻陷,中國第二十九軍向保定方向撤退。

〔2〕凌晨,偽軍冀東保安隊在通州舉行起義。當日零時,偽「冀東防共自治政府」通州保安隊起義官兵,在總隊長張慶餘等人的帶領下,趁夜色對通州日本駐軍發起襲擊。經過六小時激戰,殲滅日軍五百餘人,並活捉偽政府政務長官、大漢奸殷汝耕。同時,駐順義保安隊一個團根據張慶餘指令,舉行起義,殲滅日軍二百餘人,於上午10時開進通州。隨後,日軍在數十架飛機的狂轟濫炸下發起反攻。當日下午,反正部隊撤離通州向北平轉移,在城北受到日軍的襲擊,漢奸殷汝耕脫逃。起義部隊被迫經北平向西轉移。在轉移過程中遭到日軍不斷阻截,遭到很大犧牲。在張慶餘指揮下化整為零,經過門頭溝向保定分頭突圍。轉移中大部離散。

〔3〕日本參謀本部決定《中央統帥部對華作戰計劃》,謂:「以中國駐屯軍約4個師為基幹,擊潰平津地方的中國軍隊」,根據情況,以一部分兵力,在青島及上海附近作戰。

〔4〕上海市各界連日舉行集會,要求抵抗侵略,收復失地。

七月二十九日日軍攻佔宛平城

7月30日

〔1〕日軍從大沽口增兵天津。中國守軍奉命撤出戰鬥，天津遂爲日軍佔領。日軍即向華北大舉進攻。二十九軍撤離平津，蘆溝橋被日軍佔領。駐守北京天壇的保安隊被繳械。

〔2〕駐守平地泉的第十三軍在軍長湯恩伯率領下奉命向張家口挺進，支持北平戰事。

7月31日

〔1〕蔣介石發表《告抗戰全軍將士書》。

〔2〕日軍向平漢路推進到長辛店與我軍激戰。一部沿平綏路推進到沙河，爲我軍所阻。

〔3〕天津「治安維持會」今日成立，高凌霨出任傀儡。

〔4〕山西青年抗敵決死隊第一總隊成立。

〔5〕救國會領導人沈鈞儒、章乃器、鄒韜奮、李公樸、沙千里、史良、王造時等七君子獲釋出獄。

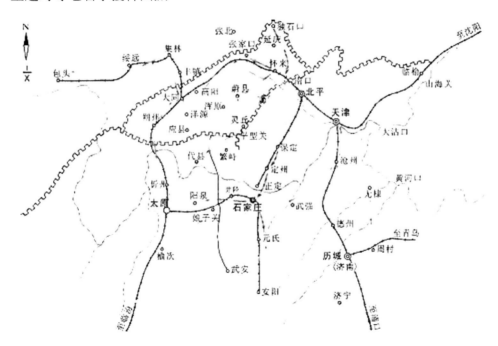

七七事變華北形勢示意圖

1937年8月　日軍挑起淞滬戰事

8月1日

〔1〕日機14架開始轟炸平綏鐵路，並猛炸南口。

〔2〕宋美齡等發起中國婦女慰勞自衛抗戰將士總會在南京成立。

〔3〕蔣介石令：傅作義爲第七集團軍總司令自綏遠；十三軍軍長湯恩伯爲前敵總指揮自山西同時來援張家口。

〔4〕任命徐永昌爲保定行營主任、林蔚爲參謀長督導河北戰事。

〔5〕我沿平漢線北上掩護二十九軍撤退的之孫連仲二十六路軍，與土肥原指揮的南下日軍十四師團、二十師團激戰在琉璃河、明頂山、竇店一帶。擊落日本飛機一架、擊毀坦克一輛。攻守該陣地五十天。

8月2日

〔1〕日軍第二次動員的第五、第六、第十師團陸續到達天津。

〔2〕蔣介石在廬山發表談話，謂：「平津失陷爲戰爭開始，爲奇恥大辱，絕無與敵談和餘地。」

〔3〕第二十九軍三十七師、一三二師、三十八師集結在津浦鐵路馬廠一帶，準備反擊。

8月3日

〔1〕當日日軍佔領楊柳青，我軍與敵激戰在獨流鎮。

〔2〕華北危機已到最後關頭，全國上下一致擁護軍事委員會委員長蔣介石應戰主張。

8月4日

〔1〕日軍在南口一帶轟炸。

〔2〕日軍要求在青島登陸被拒絕。

〔3〕日軍今日上午由前門開進北平城內。

8月5日

〔1〕日軍參謀部命令中國駐屯軍及關東軍對察哈爾省作戰。

〔2〕日機首次轟炸張家口車站。

〔3〕第十三軍八十九師進入長城居庸關，到達南口。

8月6日

〔1〕日軍繼續轟炸南口陣地。

〔2〕紅軍前敵總指揮部命令紅軍集中到陝西三原地區，整裝待命，奔赴前線抗日。

〔3〕河北前線軍事調整，二十九軍擴編為第一集團軍，宋哲元為總司令，下轄初由宋哲元兼軍長（後由張自忠任軍長）的第五十九軍、馮治安任軍長的第七十七軍和劉汝明任軍長的第六十八軍，屬第一戰區指揮管轄。劉峙為第二集團軍總司令，指揮孫連仲第一軍團（原第二十六路軍）、曾萬鍾第三軍、湯恩伯二十軍團、馮欽哉十四軍團、檀自新第四騎兵軍及一些獨立師、旅。負責津浦、平漢北段作戰指揮。

8月7日

〔1〕中國政府召開國防會議及國防聯席會議。中共中央代表周恩來、朱德、葉劍英於9日赴南京出席會議。

〔2〕日軍增兵三個師團來華，繼續擴大戰爭，在津浦、平漢的獨流鎮、良鄉、靜海一帶都有戰事發生。

〔3〕日軍在華艦隻集中在揚子江下游，上海形勢險惡。

〔4〕日軍第五師團開始攻打軍事要地南口，十三軍軍長湯恩伯率部憑險抵抗。

8月8日

〔1〕南口戰役日軍以獨立混成第一旅團、混成第二、第十五旅團和大泉支隊、堤支隊、航空第二飛行集團（共14個飛行中隊），編成關東軍察哈爾派遣兵團。中國駐屯軍以第五師團和獨立混成第十一旅團參加平綏線東段作戰。蔣介石於8月初先後任命傅作義為第七集團軍總司令，劉汝明為副總司令，湯恩伯為前敵總指揮，負責平綏路東段之防禦。在南口地區，以湯恩伯第十三軍之第八十九師和第九十四師沿長城線，右自南口，左至寧強堡組織陣地防禦；以高桂滋第十七軍之第二十一、第八十四師部署在寧強—赤城—龍關一線，對熱察邊實施防禦。在張家口地區，以劉汝明第一四三師擔任正面防禦。另以傅作義之三十五軍，趙承綬之騎兵第一軍集結於綏東之集寧、興和地區，作為機動兵力。

8月9日

〔1〕日軍在上海製造「虹橋機場事件」。日本海軍陸戰隊官兵各一人，乘汽車企圖衝入虹橋機場，因不服中國駐軍衛兵制止，致起衝突，該官兵二人被擊斃，中國駐軍衛兵亦死一人。日軍以此爲藉口，要求中國政府拆除所有防禦工事和撤出軍隊，遭中國政府拒絕。日本隨即開來軍艦16艘，並在淞滬登陸。日本居留民團總部也向上海日僑發出全面備戰的命令。

〔2〕朱德抵南京出席國防會議，商討抗日事宜。

8月10日

〔1〕孫連仲部第二十七師與日軍在竇店對峙。

〔2〕日軍海軍作戰前準備，佐世保戰艦二十艘，運輸艦五艘開來上海。

8月11日

〔1〕李默庵第十四軍和陳鐵八十五師組成的第十四集團軍，由總司令衛立煌率領下自石家莊開往易縣，向南口迂迴，支持十三軍。

〔2〕孫連仲部向良鄉、坨里日軍實行局部進擊。

〔3〕日軍及僞蒙軍進攻柴溝堡與傅部二一八旅李思溫團交戰。

8月12日

〔1〕國防最高會議及黨政聯席會議，商決抗戰事，決定以蔣介石爲陸海空軍大元帥，以軍事委員會爲抗戰最高統帥部。

〔2〕京滬警備司令張治中率領三個德式精銳師和兩個重炮團，向上海預定陣地挺進，準備抗擊日寇。於次日，王敬久第八十七師進至吳淞，主力進駐上海市中心；孫元良第八十八師進至北站與江灣間；炮兵進至眞如、大場；宋希濂第三十六師於十九日進入沙涇港與保定路之間。

〔3〕隨後，三十九軍第五十六師由劉和鼎率領與江蘇保安團結合控制太倉。

〔4〕蘇浙邊區司令張發奎帶領李嵩山第五十五師、阮肇昌第五十七師、陳勉吾獨立第二十旅等部開赴浦東，獨立第二十旅到達南翔。

〔5〕津浦路的獨流鎮、平漢路的良鄉、平綏路的南口、柴溝堡均發生激烈血戰。

8月13日

〔1〕日軍大肆進攻上海，淞滬戰爭爆發。日軍侵略部隊先後參加者有第三、六、九、十一、一〇一、一〇五、一〇六、一一〇、一一四、一一六師團等和海軍陸戰隊，由上海派遣軍總司令松井石根大將指揮。中國抵抗部隊前後參戰約有近 70 個師，開初給日軍以嚴重打擊。晨九時十五分，日本軍艦用重炮向閘北轟擊。陸戰隊一個小隊越過淞滬路衝入寶山路，沿北四川路、軍工路一線發動全面進攻，向我保安隊射擊。我軍予以反擊，日軍二十分鐘撤退。這為淞滬戰的第一仗。下午 16 時 50 分，侵佔八字橋一帶的日軍海軍特別陸戰隊第三大隊，向剛剛推進至附近的中國第八十八師部隊進行火力急襲，第八十八師當即還擊。長達 3 個多月的中日淞滬大會戰由此展開，史稱「八·一三事變」。在這次戰役中，日本先後投入進攻部隊大約 30 萬人，中國軍隊投入大約 50 個師 70 萬人。

〔2〕中國軍事當局決定封閉長江江陰下游長山港江面，其軍事機關徵用招商局輪船嘉禾、新銘、同華、遇順、廣利、泰順、公平等 7 艘，民用輪船 16 艘，海軍艦艇及各阜蕆船 28 艘，一併沉下，造成第一道長江封鎖線，以阻敵艦上駛。長江下行輪船亦止於鎮江。

〔3〕同日，南口戰役激烈進行中。當日，日軍獨立混成旅團使用大批戰車進攻南口，經過激戰攻佔南口鎮。中國守軍利用山地有利地形頑強阻擊，日軍攻擊受挫，至 16 日毫無進展。

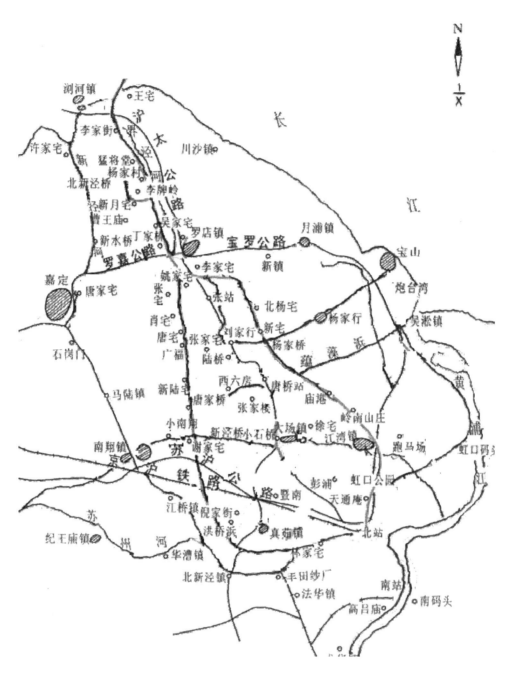

淞滬會戰當時形勢示意圖

中國軍隊在淞滬戰場上的陣地工事

8月14日

〔1〕國民政府外交部發表《自衛抗戰聲明書》，表示：「中國為日本無止境之侵略所逼迫，茲已不得不實行自衛，抵抗暴力」。

〔2〕軍事委員會蔣介石委員長下令在上海發起總攻擊，宣佈封鎖長江下游。第八十八師進佔持志大學、八字橋、寶山橋等要點。第二六四旅旅長黃興梅在率部分戰士進攻時犧牲。第八十七師進佔滬江大學及北面的黃浦江岸。空軍主動出擊轟炸日本海軍司令部和據點及敵艦出雲號。

〔3〕日本木更津空軍聯隊轟炸機18架，從臺灣新竹基地起飛襲擊杭州，越海竄入筧橋上空，中國空軍奮起攔截，擊落敵機6架。此為近代中國空軍第一次空戰，即以6：0之戰果，寫下空戰光榮歷史。

〔4〕美國國務卿赫爾，以上海中日空軍空戰波及租界事發表談話，稱已向中日兩國政府提出交涉，請其勿使上海10萬外僑遭受危險，並訓令美國使館勸導僑民，接受中國政府保護，遷離危險地帶。英、美、法三國在上海成立租借防禦委員會，並由香港、西貢調兵來上海。

8月15日

〔1〕上海戰場中國陸續增兵，夏楚中第九十八師、彭善第十一師、鍾松第六十一師來滬。連同楊虎指揮的上海保安團、警察局均歸張治中指揮。

〔2〕日本政府發表「懲罰」中國政府的聲明。即《帝國政府聲明》。

〔3〕日軍下令編組上海派遣軍，司令官爲松井石根上將。組編華北派遣軍，司令官爲壽內寺一。雙向作戰。

〔4〕增援的日軍第五師團主力，在北平西攻擊我十三軍第四師陣地橫嶺城。21日被日軍突破。

8月16日

〔1〕國民政府下達國家總動員令，劃全國爲4個戰區，建立戰時體制。

〔2〕上海戰場中國軍隊包圍日軍海軍駐滬司令部。

〔3〕江陰防區胡敬端、劉功提兩艇長駕駛「史可法102」與「文天祥171」兩艘魚雷艇，僞裝成民船。（文天祥171艇未跟上，）兩天後即8月16日晚，102號艇偷襲了泊於外灘的日本侵華第3艦隊司令谷川清中將的旗艦「出雲」號。一個魚雷擊中了「出雲」號的尾部遭重創。

8月17日

〔1〕晨，我軍佔領范家宅附近的日海軍操場，敵退入租界。我軍左翼沿浦江推進，包圍裕豐紗廠、大康紗廠間的發電廠日軍。我炮兵對日軍司令部射擊，命中甚多，但因敵工事堅固，未能摧毀。中國第九集團軍在淞滬向日軍發起總攻。中國第八十七、第八十八師與日本海軍陸戰隊展開激烈巷戰，在日軍猛烈火力和激烈反擊下損失慘重，主要目標均未能得手。

〔2〕同日，中國空軍第五大隊8架「霍克III」驅逐機在攻擊上海日軍陸戰隊司令部時，飛行員閻海文駕駛的2510號戰機不幸被日軍高射炮擊中，跳傘後落入日軍天通庵公地。隨後，日軍將他團團圍住企圖迫使他繳械投降。閻海文拒絕投降，拔出自衛手槍連續擊斃日軍5人，然後把最後一顆子彈射進了自己的頭顱。

〔3〕傅作義部由山西省到察哈爾省懷來增援，到達下花園、土木堡等前線陣地。

〔4〕高桂滋第八十四師的二五一旅在長城外赤城縣井兒溝、喜峰砦向敵進攻，予其重創。

〔5〕日本內閣會議決定：一、放棄以前所採取的不擴大方針，籌劃戰時形勢下所需要的各種準備對策。二、爲了適應事態擴大的經費支出，在9月3日前後召集臨時會議。日本帝國主義決定放棄所謂「不擴大」方針，妄圖在三個月內滅之中國。

閻海文遺像

8月18日

〔1〕南口戰役激烈進行。由於日軍第五師團加入作戰，中國守軍第十三軍湯恩伯部面臨被動局面。同日，傅作義率晉綏軍陳長捷第七十二師及第一○○旅、第二一一旅和獨立第七旅增援南口地區作戰。同時，蔣介石電令衛立煌部迅速向周口店一帶集中，並增援南口、懷來地區作戰。

〔2〕淞滬會戰激烈進行。當日，日軍由旅順增援上海的2個特別陸戰隊大隊抵達上海。同日，我軍向前推進到吳淞路以南，日軍退到彙山碼頭。浦東敵軍企圖在龍王廟登陸被擊退。敵艦已蝟集五十餘艘，包括航空母艦兩艘，與我陸上展開炮戰，並移到美國旗艦後用爲掩護，日軍兵力不足還處於被動狀態。當日，宋希濂第三十六師抵達上海，並隨即投入進攻。

〔3〕英國提議中、日兩軍退出上海四周地帶，各國向日本擔保上海日僑

安全，並向中國擔保日方不利用公共租界爲根據地。日本政府拒絕英國關於將上海作爲中立區的建議。

〔4〕同日，蔣介石發表「告抗戰將士第二書」，謂：用持久戰、消耗戰，以打破敵人速戰速決之企圖。蔣介石任命陳誠爲第三戰區前敵總指揮。因英國調停，蔣介石一度命令張治中暫停進攻，但隨後又命令於下午發起全線攻擊。

蔣介石在淞滬前線視察

8月19日

〔1〕上海我軍繼續採取攻勢，第八十七師攻到楊樹浦附近，宋希濂第三十六師攻到彙山碼頭一線，敵人死守待援，部分退入租借地，被英軍繳械。

〔2〕敵一部援軍抵滬，由吳淞口登陸，向我吳淞、江灣陣地攻擊。

〔3〕冀察政務委員會解散，日本任江朝宗爲北平僞市長。

8月20日

〔1〕上海中國軍隊繼續向楊樹浦、江灣一帶推進。日本又由潛水小艇運來少數援兵，在日本領事署碼頭前登陸。

〔2〕中共中央、中央軍委命令將中國工農紅軍（西北地區的）主力3萬餘人改爲「國民革命軍第八路軍」。22日，國民政府軍事委員會宣佈將紅軍編入國民革命軍第八路軍序列。

〔3〕中國軍事委員會正式將全國南北戰場劃分力五個戰區：第一戰區，負責平漢、津浦路北段地區作戰，司令長官蔣介石兼，下轄 3 個集團軍；第二戰區，負責山西、察哈爾、綏遠等地作戰，司令長官閻錫山，下轄 2 個集團軍；第三戰區，江蘇長江以南及浙江，負責寧滬杭地區作戰，司令長官馮玉祥，副司令長官顧祝同，下轄 4 個集團軍；第四戰區，負責廣東、福建地區作戰，司令長官何應欽兼，副司令長官余漢謀，下轄 2 個集團軍；第五戰區，負責蘇北、魯南地區作戰，司令長官蔣介石兼，副司令長官韓復榘，下轄2個集團軍。另將西南各省的地方實力派軍隊編成四路預備軍，開赴前線：第一預備軍司令長官李宗仁，副司令長官白崇禧；第二預備軍司令長官劉湘，副司令長官鄧錫侯；第三預備軍司令長官龍雲，副司令長官薛岳；第四預備軍司令長官何成濬，副司令長官徐源泉。

〔4〕同日，中日淞滬會戰激烈進行中。中國軍隊第三十六師攻入彙山碼頭，但在日軍艦炮火力下損失慘重，配合進攻的輕型坦克全部被擊毀。

紅軍改編為八路軍後舉行抗日誓師大會

8月21日

〔1〕我軍平漢路一線向北挺進到長辛店，將日軍包圍，豐臺敵軍來援。

〔2〕同日，中國政府外交部長王寵惠和蘇聯駐華大使鮑格莫洛夫分別代表本國政府簽訂了《中蘇互不侵犯條約》。

〔3〕淞滬會戰第三十六師等部隊再次向彙山碼頭發起進攻，受敵艦上的炮火襲擊，陳瑞河旅長受重傷。經過激烈戰鬥，第三十六師部隊一度突破日軍防線進至黃浦江邊，但由於日軍佔據各鋼筋水泥樓房，無法鞏固所佔領地區，在日軍陸上和艦上炮火的猛烈攻擊下損失慘重，被迫退回百老滙路北側，官兵傷亡 2000 餘人。配屬八十七師作戰的戰車第一連和第二連坦克全被擊毀，李增營三百餘人受重大損失。

淞滬戰場

8月22日

〔1〕我國繼續向上海增兵。主力第十八軍兩個師，即霍揆章第十四師、李樹森第六十七師到達嘉定向前挺進。日軍連日失利，狄思威路一帶之敵，

已陷絕境。日軍在楊樹浦一帶縱火，企圖阻我軍前進。百老滙路、公平路、兆豐路等處起火，首尾相接，長達數里，至 23 日晚未熄。在吳淞口外三夾水附近，停有敵航空母艦 3 艘（日共有航空母艦 6 艘）。日機由此起飛，在上海市肆虐，並到南京等地轟炸。

〔2〕日本「上海派遣軍」先頭部隊開始在楊樹浦附近登陸。中國第九集團軍側翼受到威脅，對上海日軍的反擊作戰遂告中止。

〔3〕中共中央在陝北洛川召開政治局擴大會議，25 日結束。會議決定成立中共中央革命軍事委員會，毛澤東任主席。確定獨立自主地在敵後開展游擊戰爭的任務和政策。

8月23日

〔1〕中日淞滬會戰激烈進行中。當日，在「上海派遣軍」司令官松井石根指揮下，日軍第十一師團於凌晨時分在長江南岸的吳淞、張華浜等地強行登陸。登陸地點中國防禦力量薄弱，日軍成功佔領灘頭陣地，並佔領川沙鎮、羅店等地。同時第三師團在吳淞鐵路碼頭登陸，進逼蘊藻浜陣地，被我擊退。

〔2〕當日，中國也正在增兵，趕赴上海前線。第十八軍的第十一師、第十四師、第六十七師抵達京滬地區。第十一師在師長夏楚中指揮下，以第三十三旅向羅店日軍先頭部隊發起反擊，並迅速奪回羅店，擊斃日軍百餘人並俘虜三名日軍。

中國軍隊在羅店發起反擊

〔3〕同日，中國國民政府第三戰區臨時將長江南岸守備區擴編為第十五集團軍，由陳誠兼總司令，又抽調 3 個軍予以加強。中國軍隊的主要作戰任務由圍攻日海軍「上海陸戰隊」，轉為抗擊在上海登陸的「上海派遣軍」。

8月24日

〔1〕日軍攻陷南口，中國軍隊退守居庸關。

〔2〕吳淞口外的航空母艦上的飛機一百零五架全部起飛，轟炸我南京、杭州及上海近郊。

〔3〕淞滬戰場日軍第三、第十一師團繼續在上海登陸，並攻佔吳淞炮臺和寶山，主力向獅子林方向擴展。開始保安一團進行阻擊，第八十一師派一營兵力支持。夏楚中第九十八師第二九四旅一部趁日軍立足未穩發起反擊，重新收復了寶山縣城。彭善第十一師在羅店以北與日軍展開激戰。在淞滬市區，圍攻日海軍陸戰隊的戰鬥逐漸形成對峙。

8月25日

〔1〕中共中央中國工農紅軍改編爲國民革命軍第八路軍（9月11日起又改爲第十八集團軍）命令。任命朱德爲總指揮（9月11日改稱總司令），彭德懷爲副總指揮（9月11日改稱副總司令），葉劍英爲參謀長，左權爲副參謀長，任弼時爲政治部主任，鄧小平爲政治部副主任。下轄第一一五師、第一二〇師、第一二九師。每師轄兩旅，每旅轄兩團，每師定員1.5萬人。全軍共4.6萬人。隨即舉行誓師大會，率軍東渡黃河，向山西抗日前線挺進。9月11日，國民政府軍事委員會將八路軍改爲第十八集團軍後，總指揮部改稱總司令部。

主力紅軍改編為八路軍後，東渡黃河開赴抗日前線

〔2〕中共中央公佈《抗日救國十大綱領》，全面地概括了我黨在抗日戰爭時期的基本政治主張，提出了爭取抗日戰爭勝利的具體政策。

〔3〕東北抗日救國總會發布《關於抗日救國宣傳運動的緊急通知》。

〔4〕同日，中日軍隊繼續在南口展開激烈戰鬥。當日，日軍第五師團等部隊在坦克支持下衝入居庸關。中國守軍傷亡巨大，但仍佔據山嶺有利地形與日軍作戰。當日，日軍關東軍察哈爾派遣兵團向懷來發起進攻，長城線上各點守軍處於日軍前後夾擊的態勢下。南口、居庸關被日軍佔領。十三軍奉令向桑乾河右岸突圍。

〔5〕上海登陸日軍第十一師團和第三師團第五旅團，在中國軍隊頑強抗擊下，歷經兩日才完成登陸。第三師團沿江在吳淞口登陸後，主力向羅店進犯，我軍重創敵軍。

〔6〕日海軍第三艦隊司令長谷川宣佈對中國自上海至汕頭海岸實行封鎖。

〔7〕宋哲元第一集團軍在河北大名設立根據地，指揮津浦、平漢路中間地帶軍事活動。

8月26日

〔1〕平漢線北段中日雙方在獨流、靜海間作戰。

〔2〕劉汝明六十八軍守衛張家口戰鬥不利，向洋河右岸撤退，張家口失守。傅作義部反攻失利，退守柴溝堡。

〔3〕日機在京滬公路襲擊英國駐華大使座車，英國大使許格森受傷。

〔4〕上海戰事重心移至羅店一帶。

8月27日

〔1〕上海虹口、楊樹浦、張華浜之登陸敵軍與我軍第八十七師激戰被擊退。我空軍再度襲擊停泊在黃浦江口的敵艦。

〔2〕南口會戰宣告結束。當日，中國守軍湯恩伯部向蔚縣、廣靈、淶源一帶撤退，日軍獨立混成第11旅團佔領延慶。南口會戰持續約20天，中國軍隊傷亡達29376人，日軍自己統計傷亡2600餘人，據中方統計為1.5萬餘人。

〔3〕日本關東軍察哈爾派遣兵團佔領張家口。

〔4〕第二十九軍自北平敗退後，日本侵略者用裝甲車和坦克開道，催兵南進，攻佔了良鄉、房山等地。日軍佔領房山後屠殺我同胞。房山人民奮起反抗，地方武裝紛紛組織起來。

8月28日

〔1〕閻錫山進駐在雁門關內嶺口村指揮對日作戰。

〔2〕淞滬會戰日軍第三師團佔領殷行，第十一師團攻佔羅店。

8月29日

〔1〕淞滬會戰繼續激烈進行。當日，第五十四軍陳烈第十四師向日軍第十一師團佔領下的羅店發起反攻，因缺乏炮火掩護等原因，儘管取得一定戰果，但由於損失重大被迫返回出發陣地

〔2〕同日，日軍佐世保鎮守府第四特別陸戰隊及各特別陸戰隊的補充兵員抵達上海。

〔3〕中蘇互不侵犯條約全文在莫斯科與南京正式公佈。

〔4〕張家口附近中日雙方仍有激烈戰鬥，以猴兒山最烈。

8 月 30 日

〔1〕日軍炮兵擊中停泊於黃浦江之美國艦奧加斯日打號。

〔2〕八路軍一一五師先頭部隊在韓城縣芝川鎮渡黃河奔赴前線。

8 月 31 日

〔1〕侵華日軍組建華北方面軍，以寺內壽一大將爲司令官，當時轄兩個軍 8 個師團及中國駐屯混成旅團。第一軍，司令官香月清司中將，下轄第六、第十四、第二十師團；第二軍，司令官西尾壽造中將，下轄第四、第十六、第一〇八師團；直轄第五、第一〇九師團、中國駐屯混成旅團及臨時航空兵團。

〔2〕同日，中日淞滬會戰激烈進行。當日，日軍第三師團第六十三聯隊乘坐艦船，在海軍航空兵及艦炮火力掩護下，從江上攻擊吳淞鎮。中國守軍第六十一師因準備不充分，稍戰即潰。日軍隨即佔領吳淞鎮。第六十一師師長楊步飛被蔣介石撤職，鍾松新任命爲第六十一師師長。

〔3〕日本「上海派遣軍」司令官松井石根因所部進展艱難，傷亡甚大，同時遭到中國軍隊的分割包圍，在當日向日本政府請求增援，要求上海日軍兵力至少需 5 個師團，並強烈要求待機的第十四師團和天谷支隊來滬。

〔4〕正在由青島向大連輸送的日軍天谷支隊（以第十一師團第十二聯隊爲基幹）轉送上海，歸入「上海派遣軍」序列。

〔5〕同日，中國第十八軍九十八師五八三團第三營，在營長姚子青率領下，於當晚接替第六師擔任寶山城防。

〔6〕日軍全力猛攻吳淞，繼以步兵登陸。我軍第六十一師一個團死守，保安總團仍固守吳淞炮臺。

〔7〕蔣介石對路透社記者發表談話，認爲國際間爲謀整個安全，對日寇

侵略應行干涉。

〔8〕日機轟炸廣州。

〔9〕八路軍後方總留守處在延安成立，肖勁光任主任，12月改稱留守兵團，肖任司令員，擔負保衛陝甘寧邊區的任務。

1937 年 9 月　平型關大捷

9 月 1 日

〔1〕大批日軍來滬，先後有十二師團、第六師團、十一師團、第三師團等，並開始在瀏河、羅店、寶山、獅子林、吳淞、蘊藻浜、江灣一線發動總攻。我軍首尾難顧，放棄部分陣地。日本海軍中央部將第二艦隊的第四水雷戰隊等艦及佐世保鎮守府第二、第三特別陸戰隊歸第三艦隊司令官指揮，從旅順立即開赴上海。此後我軍處於不利地位。

〔2〕當日，日軍第十一師團淺間支隊（步兵第四十三聯隊兩個大隊、山炮一個中隊）向守衛獅子林炮臺的中國第十八軍九十八師五八八團第二營陣地發起進攻。該營與日軍展開肉搏戰，在日軍海軍炮火轟擊下傷亡慘重，獅子林炮臺被日軍佔領。

〔3〕閻錫山爲迎擊日寇，準備組織五個軍在大同會戰。佈防如下：李服膺六十一軍在天鎮、陽高；王靖國第十九軍在聚樂堡；傅作義三十五軍在大同北得勝堡；楊澄源三十四軍在渾源；孫楚三十三軍在平型關、雁門關一帶。全部爲晉綏軍。後由於日本板垣師團進攻平型關而放棄大同會戰。

〔4〕美駐日大使要求日本停止轟炸南京及中國不設防城市。

〔5〕東條英機率領的關東軍第十五旅團入侵天鎮縣永嘉堡，進入山西境。

〔6〕廈門爲了抗戰風雲驟起，成立警備司令部。由當地駐軍第一五七師師長黃濤擔任警備司令部。

9 月 2 日

〔1〕日本政府在臨時內閣會議上，決定將所謂的「華北事變」改稱爲「中國事變」，擴大對華戰爭。

〔2〕淞滬戰場激烈進行。當日，日本「上海派遣軍」第三師團第二十九

旅團及天谷支隊抵達上海。松井石根命令天谷支隊攻擊羅店鎮附近中國軍隊之側後，以打通被包圍的第十一師團與軍主力的陸路聯絡。敵軍第三師團向羅店推進，以解第十一師團之圍。第三師團飯田支隊長在公大紗廠陣地被我軍擊斃。

9月3日

〔1〕日本軍艦弱風號、若竹號入侵廈門港。炮擊我白石、胡里山炮臺。我發炮還擊，兩艦均被嶼仔尾炮臺擊沉。

〔2〕偽「察南自治政府」在張家口成立，漢奸于品卿充頭目。

9月4日

〔1〕八路軍第一二○師由關中東開，第一一五師抵晉南候馬。

〔2〕國民政府修正頒佈《危害民國緊急治罪法》。

〔3〕日本飛機軍艦轟擊粵海之虎門、馬江。

〔4〕日本第七十二次議會開幕（至9日）。通過臨時軍費預算案，追加侵華經費二十五億日元。決定進一步擴大侵華戰爭。

〔5〕中日軍隊在柴溝堡相持。我軍仍據守八達嶺。

9月5日

〔1〕日軍以30餘輛戰車為先導，進攻周岩第六師。經奮力抵抗，第六師傷亡過半，旅長翁國華自戕，被迫後撤，獅子林、吳淞間聯絡被敵打通。隨之，駐守寶山的我第九十八師姚子青營陷入重圍。日軍藤田師團在艦炮和飛機的配合下，以坦克10餘輛向城門猛衝，姚子青率守城健兒與敵死拼，並屢次發電請援，而援軍終不至。姚遂率殘部與突入日軍進行巷戰，雙方逐屋爭奪，戰至6日上午10時城陷，全營500餘人全部英勇犧牲。

〔2〕日海軍第二、第三艦隊司令宣佈，封鎖中國北起秦皇島南迄北海口的中國海岸，所有中國船隻不許通航，惟有島嶼及屬於第三國租借地領海除外。

〔3〕日軍攻擊山西天鎮。日本侵略軍突破天鎮盤山防線。

9月6日

〔1〕中日在淞滬地區進行著慘烈的交戰。日軍天谷支隊由寶山兩側沿長

江南岸攻擊前進，與淺間支隊打通了第三師團與第十一師團登陸場的聯絡，並向月浦發起攻擊，被第九十八師阻止在月浦以東地區。

〔2〕同時，中國第十八軍作為主力，繼續向被圍困在羅店的日軍第十一師團部隊發起猛攻，但在日軍熾烈火力下經過反覆爭奪，始終未能攻下羅店，並付出重大傷亡。由於海空已處於劣勢，加上日軍取得制空權後造成中國軍隊白晝行動困難，後勤供應發生嚴重困難。中國第三戰區指揮部於當日下令停止總攻擊，並頒發第二期作戰指導計劃，決定逐步轉入守勢，待機再轉入反攻。

德式裝備的中國軍隊寸土必爭

〔3〕同日，日本天皇召見參謀總長，決定再向上海增加 3 個師團。由於動員需時，日軍參謀本部下令從華北方面將後備步兵 10 個大隊、炮兵 2 個中隊、工兵 2 個中隊、野戰重炮兵 1 個大隊及 1 個高射炮隊立即送往上海，補充「上海派遣軍」。同時，將臺灣守備隊緊急擴編為重藤支隊（指揮官重藤千秋少將，以步兵 5 個大隊、山炮兵 1 個中隊為骨幹），運送上海，並配屬被困於羅店地區的第十一師團。

〔4〕同時，華北戰場日軍第五師團不顧南口戰役的戰鬥減員，對薊縣方向發起攻擊，以策應日本第一軍將對保定、涿縣發祥發起的攻勢。

〔5〕津浦路唐官屯血戰十分激烈，失而復得者 4 次。

〔6〕根據國共協議，中國共產黨將陝甘寧革命根據地的蘇維埃政府改爲陝甘寧邊區政府，轄陝西、甘肅、寧夏的 23 個縣，邊區首府是延安。

〔7〕晉軍第六十一軍四00團失守盤山重地，團長李生潤逃跑。

9 月 7 日

〔1〕日軍繼續向上海增兵，第九、第十三、第一○一師團及各種炮兵到上海。日軍從華北調遣的後備步兵大隊及炮兵等部隊開始在上海登陸。同時，日軍爲使公大機場不受中國軍隊火力襲擊，令第八師團第五旅團由滬江大學附近向中國第八十七師發起進攻。同時在上海以北地區，日軍天谷支隊向守衛月浦的中國第九十八師陣地猛烈進攻。

〔2〕日海軍佔領東沙群島。

〔3〕中國公佈空戰戰果：八月下半月在蘇浙皖地區共擊落日計六十一架，俘獲日空軍人員十一人。此外，還被空軍炸毀日本艦隻十一艘。

9 月 8 日

〔1〕上海虬江碼頭之敵向我軍進攻，被擊退。日軍同時轟炸松江車站，死傷七百餘人。

〔2〕臺灣革命黨宣言與祖國協力抗日。

〔3〕平津近郊仍有激戰。

〔4〕日僞一千餘人登陸進犯福建寧德三都澳島，被守軍保安第二旅二團擊退。

〔5〕日軍圍攻陽高縣城，守軍第六十一軍第四一四團守城。戰鬥至九日拂曉，日軍從東南城牆登城，守軍由南門撤出。

9 月 9 日

〔1〕上海軍工路、羅店、蘊藻濱、月浦一帶繼續激戰。

〔2〕國防參議會成立。代表有：中共代表周恩來等；青年黨代表曾琦、李璜、左舜生；國社黨代表張君勱、江庸、張東蓀；國民黨代表陳布雷、周佛海、陶希聖及傅斯年等。

〔3〕國民政府代表顧維鈞赴日內瓦，向國聯申訴日本侵略中國。

〔4〕中國第二戰區在蔚縣、平型關間及天鎮、陽高進行抵抗，以主力在大同附近集結，準備在山西大同聚樂堡與日本侵略軍決戰。今日日軍佔領陽

高。

9月10日

〔1〕日軍原在華北方面的第二聯合航空隊（有96式戰鬥機12架、94式及96式轟炸機30架），從大連基地轉場上海公大機場。

〔2〕上海戰場陳誠第十五集團軍右翼陣地—楊行被突破，退守羅店、江灣一線。

9月11日

〔1〕淞滬日軍天谷支隊經過多日猛攻，突破中國第九十八師防線，佔領月浦。由於中國守軍第九、第十五集團軍經過連日苦戰傷亡巨大，同時陣地工事遭到日軍火力摧毀，第三戰區決定部隊後撤至第二線預備陣地。此後，中國軍隊的作戰開始由攻勢作戰轉變為陣地防禦作戰。

〔2〕日軍參謀本部下令，派第九、第十三、第一○一師團、野戰重炮兵第五旅團、獨立野戰重炮兵第十五聯隊、獨立工兵第十二聯隊等多支部隊及第三飛行隊增援上海，加入「上海派遣軍」序列。

〔3〕同日，日本第二軍所屬第十六師團在塘沽登陸，同時第一○九師團（欠1個旅團）也配屬於第二軍。上海我第九集團軍向北站、江灣、廟行右岸一線轉移。

〔4〕八路軍改稱為第十八集團軍後。軍事領導人無變動。朱德為總司令，彭德懷為副總司令。

〔5〕津浦線日軍第十師團突破馬廠，宋哲元部五十九軍、七十七軍南退。當日馬廠淪陷。

〔6〕平綏路日軍進而佔領天鎮縣城。敵人在攻城中傷亡較多，對百姓進行報復性的屠殺。屠城3天，2300餘名群眾遇難。駐防於大同城內的第三十五軍和聚樂堡地區的第十九軍，炸毀御河橋，開始撤退。政府機關亦隨軍南撤。

9月12日

〔1〕日本海軍陸戰隊在廣東大亞灣登陸。

〔2〕中國政府代表顧維鈞在國際聯盟大會上對日本侵華提出申訴書。

9月13日

〔1〕日軍酒井鎬次獨立第一混成旅團侵佔大同。中國各軍向內長城退卻。日軍從陽高方面進犯廣靈，晉綏軍第七十三師一部與中央軍第十三軍一部於廣靈縣城的西北地區火燒嶺，奮起抗擊，日軍死傷慘重。十四日，日軍另一部從蔚縣西進，侵佔廣靈縣城。

9月14日

〔1〕日軍重藤支隊從臺灣抵達上海，加入第十一師團戰鬥序列，同時佔領月浦的天谷支隊和淺間支隊也歸還第十一師團建制。兵力得到加強的日軍第十一師團按照松井石根的命令，向羅店以西、以南的中國軍隊發起進攻。但中國方面胡宗南第一軍等部隊已加入第十五集團軍戰鬥序列，日軍第十一師團的進攻遭到遏制。

〔2〕同日，日本第一軍三個師團（第六、第十四、第二十師團）向涿縣、保定地區發起進攻。

〔3〕日軍坂垣征四郎第五師團二十一旅團突破洗馬莊第三十三軍七十三師防線，師長劉奉濱負傷，軍隊轉移到平型關。日軍自從陷晉北廣靈縣城後，向平型關進犯。

〔4〕日軍巡洋艦一艘、驅逐艦三艘炮擊廈門胡里山要塞。

9月15日

〔1〕河北固安的戰鬥中，日軍強渡永定河，攻擊對岸的國軍部隊，當日固安淪陷。

9月17日

〔1〕馮安邦率第二十七師在琉璃河、房山一線阻擊敵人，今日日寇進襲琉璃河。琉璃河失陷。

9月18日

〔1〕日軍沿平漢路南犯，9月18日河北涿州即告失守。涿縣防線崩潰，劉峙放棄保定南逃。

〔2〕連日來，上海戰場繼續在劉行、廟行、羅店一帶激戰。

9月19日

〔1〕第六集團軍總司令楊愛源在平型關附近部署軍隊，孟憲吉獨立第八旅搶佔平型關陣地。

〔2〕日機 30 架空襲南京明故宮機場，被中國空軍擊落 7 架。

〔3〕自九月初胡宗南第一軍陸續到達上海，加入戰鬥。陶峙岳第八師於九月十九日在蘊藻浜與友軍接防，屬於中央部位。九月初到達上海前線的還有李延年第二軍，在松樹浦進入陣地，堅持兩個多月。

9 月 21 日

〔1〕朱德率八路軍總部抵達太原。隨後蔣介石承認中共的合法地位，發表共赴國難的宣言。

〔2〕為了應對淞滬戰爭，中國統帥部對第三戰區部署進行了調整。右翼總司令張發奎，轄第八、第十集團軍，守衛浦東、奉賢、杭州一帶。中央部由朱紹良為總司令，轄最早入滬的第九集團軍（含八十七師、八十八師）和新到的胡宗南第十七集團軍。激戰於劉行、楊行、蘊藻濱一帶。左翼總司令為陳誠，轄第十五集團軍和第十九集團軍，激戰在羅店一帶。

〔3〕華北戰場土肥原第十四師團六個大隊向漳河防線進攻，商震三十二軍補充第三團排長王潤蘭帶領幾名戰士捨身炸毀日軍坦克，被國民政府授予「民族英雄」稱號。王潤蘭也是「奧運英雄」，曾為河北軍事政治學校第二期學員，1936 年在德國舉行的第十一屆奧林匹克選為中國拳擊選手，在決賽中二比一取勝，為中國爭了光。但被當時組委會歧視而取消了資格。

1936 年第 11 屆奧運會（柏林）中國拳擊隊和舉重隊合影，
右起第四人為王潤蘭

9 月 22 日

〔1〕隨後中國第十七軍、第十五軍、第七十三師亦進入平型關周圍陣地，
準備迎擊。

〔2〕日軍二十一旅團開始進攻平型關。遭到中國軍隊的阻擊。平型關之
戰開始。

〔3〕國民黨中央通訊社發表《中共中央為公佈國共合作宣言》。次日，
蔣介石發表《對中國共產黨宣言的談話》，承認中國共產黨的合法地位，第二
次國共合作正式形成。

〔4〕法國、美國抗議日本濫炸非軍事區。

〔5〕劉多荃第四十九軍（屬東北軍）由隴海路調來守滄州，與敵軍激戰。

〔6〕七七事變後傅作義率軍東進到前線抗敵，轉戰晉、察。綏遠軍事由
民政廳長兼民兵司令袁慶增負責，綏遠防務空虛。今日日軍進攻綏遠豐鎮縣
城。民兵區防司令張成義指揮馬逢辰團進行激烈抵抗。張成義犧牲，馬逢辰
率部突圍。

9 月 23 日

〔1〕日軍繼續對防守江陰水面的中國第一艦隊發起大規模空襲。日軍出動 94 艦載轟炸機 14 架、96 陸基轟炸機 12 架，集中攻擊中國兩艘主力巡洋艦「平海」號、「寧海」號。兩艘軍艦英勇反擊，先後擊落敵機四架，但在日機猛烈攻擊下被命中多枚炸彈遭到嚴重損傷。旗艦「平海」號經過奮力搶救無效，在十二圩淺灘擱沉。「寧海」號也因遭重創失去戰鬥力，在駛往上游的途中在八圩港口擱沉，於次日被迫放棄。

〔2〕郭宗汾七十一師馳援平型關。

9月24日

〔1〕日軍獨立步兵第十一聯隊攻佔集寧，河村支隊佔領涼城，至此察南、綏東及大同周圍的晉北地區全部淪陷。

〔2〕日軍第六師團對保定發起全面攻擊，中國守軍第五十二軍在日軍攻擊下經過短暫激烈抵抗後自動後撤，保定於當日失守。防守滿城等保定外圍陣地的第三軍也未遵命令自動後撤。中日涿縣、保定地區作戰由此以中國軍隊的潰敗而宣告結束，日軍統計其參戰兵力為 8850 人，戰死 1448 人，重傷 4000 人。保定失陷後。我軍指揮部退守石家莊。

〔3〕日軍第十師團在津浦路北段地區，向大姜莊、姚官屯等地發起猛攻，中國第一集團軍（原第二十九軍，現轄兩個軍團四個軍）展開頑強抵抗。激戰至傍晚，中國守軍陣地部分陣地被突破但卻造成全線動搖，同時與日軍膠著混戰而失去控制和聯繫。

〔4〕日軍第五師團第二十一旅團第二十一聯隊主力向平型關、東跑池等陣地發起猛攻，中國守軍第十七軍、第七十三師等部隊頑強抵抗，其中第七十三師第三九三團擊毀日軍坦克多輛。但第十七軍軍長高桂滋擅自放棄團城口陣地，導致日軍佔據了這一帶有利陣地。楊愛源、傅作義與林彪派來的軍事參謀商定，由七十一師配合一一五師攻擊平型關之敵。

〔5〕中國軍隊又有 9 個師（第八、第十三、第五十七、第六十、第七十七、第五十九、第九師、第一五九及第一六〇師）抵達淞滬戰場，全部加入戰鬥最為激烈的左翼作戰軍序列。

9月25日

〔1〕繼「寧海」、「平海」號被擊沉後，中國另一艘輕巡洋艦（實為炮艦）「逸仙」號遭到 16 架日機的猛烈轟炸。中國海軍官兵奮勇還擊，擊落敵機兩

架，但軍艦中彈多處，造成進水而沉沒，艦上 14 名官兵犧牲。

「逸仙」號

〔2〕林彪、聶榮臻率領的八路軍一一五師在山西平型關東北伏擊日軍第
五師團第二十一旅團第二十一聯隊第三大隊及輜重部隊，經一天激戰，殲滅
日軍 1000 多人，擊毀汽車 100 餘輛，繳獲大量武器和軍用品，取得中國抗戰
以來第一次重大勝利。但由於高桂滋第十七軍等部擅自撤退或作戰不利，導
致被圍困的日軍第二十一聯隊主力通過陣地逃脫。

〔3〕晉軍郭宗汾預備第二軍奉命從團城口出擊聚殲日軍，非晉軍系統的
第十七軍卻撤離團城口，日軍乘虛而入。雙方互相埋怨。

八路軍在平型關伏擊戰中的機槍陣地

〔4〕防守津浦路北段地區的第一集團軍代總司令馮治安下令將運河決口，以阻擋日軍進攻。但河水泛濫後，造成中國守軍無法在水中堅守陣地，在混亂中被迫繼續後撤。

〔5〕劉多荃四十九軍經激戰後，滄州失守。

〔6〕日軍繼續向上海戰場增兵，其主力艦「長門」號「陸奧」號先後到達上海。

9月26日

〔1〕日軍受挫後向平型關增加兵力。在蔚縣的四十二聯隊主力亦來平型關，正面投入戰鬥。

〔2〕晉軍郭宗汾第七十一師受團城口等處的日軍壓迫，後退。

〔3〕日軍猛攻集寧，軍民聯合抗擊後轉移。

9月27日

〔1〕日寇在滬虹口設關收稅。

〔2〕日軍十川支隊向陣地靠近，策應平型關。

　　〔3〕日軍獨立混成第一旅團數千人進入朔縣境。守軍東北軍何柱國部一連人與縣長郭同仁、公安局長白生成等發動群眾堵城門守城。翌日晨日軍以坦克破城門而入，縣城失守。

9 月 28 日

　　〔1〕上海戰場日軍發起第四次總攻。

　　〔2〕八路軍一二〇師由富平出發，到達晉北神池。

　　〔3〕國聯大會通過「譴責日本在華暴行案」。

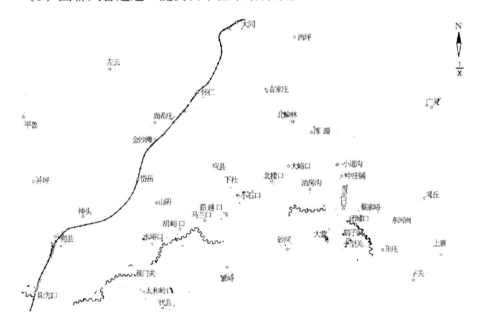

平型關戰役附近形勢示意圖

　　〔4〕今日，平型關戰場戰鬥激烈，日軍第一混成旅團、第十五混成旅團、二十一聯隊進入正面攻擊，繼續在平型關一帶激戰。當日，我第六十一軍第二一七旅第四三四團在迷回嶺勝利的鼓舞下，未等主力行動便一舉攻佔鷂子澗等地，遭到日軍夾擊。雙方在村內展開肉搏，第四三四團包括團長陳繼賢以下（除一個通信排和部分傷員外）全部壯烈犧牲。日軍混成第十五旅團攻佔茹越口，晉綏軍第二〇三旅旅長梁鑒堂率一個營進行反衝擊，但因兵力太少而反擊失敗，該營部被殺傷，旅長梁鑒堂重傷後殉國。

9 月 29 日

〔1〕日軍越過鐵角嶺，當晚佔領繁峙縣城。閻錫山行營轉移到五臺山。

〔2〕淞滬戰場全線激戰，日軍四次總攻遭慘敗。戰事相持在大場、閘北、江灣一帶。

〔3〕長谷川派員訪英、美、法等國駐滬海軍司令，要求各國艦隻移泊浦江下游，準備進攻南市。

〔4〕毛澤東發表《國共合作成立後的迫切任務》，指出，兩黨重新結成統一戰場，形成了中國革命的一個新時期，只要把統一戰線發展充實起來，把民眾加進去，實行一切改革，就一定能打倒日本帝國主義。

〔5〕周保中在四道河子聯軍密營主持召開吉東省委常委會議。

9 月 30 日

〔1〕日軍繼而佔領代縣，閻錫山命令平型關及內長城守軍全線撤退，在忻口佈防準備忻口會戰。命第十九軍守崞縣，姜玉貞一九六旅守原平。遲滯日軍前進步伐。

在崞縣抗擊日軍的第二〇五旅，我軍衝向敵陣，與敵展開肉搏

1937 年 10 月　山西忻口會戰

10 月 1 日

〔1〕日本繼續增派軍隊來上海，先後到滬的有：第一〇二、第一〇六、第一〇七、第一一四、第一一六等師團。總計侵滬日軍達到二十萬人以上。據上海《立報》報導，八一三以來日軍傷亡三萬人以上。

〔2〕十月初中國軍隊到達上海前線的還有楊森第二十軍，先守虹橋，後參加左翼集團。

〔3〕日本外務省聲明，拒絕國際聯盟調解中日戰爭。日本首相、外相、陸相、海相四相會議，決定了《處理中國事變綱要》。

〔4〕閻錫山由五臺回太原。衛立煌奉命援山西，協助指揮忻口戰役。

10 月 2 日

〔1〕張自忠五十九軍、劉多荃四十九軍及龐炳勳四十軍在津浦一線大舉反攻，克服泊頭鎮。

〔2〕日本關東軍三個混成旅團佔領山西寧武，並向原平進犯。

10 月 4 日

〔1〕日軍磯谷廉介第十師團先頭部隊進入山東境內，到達德州外圍，在桑園與韓復榘魯軍接戰。宋哲元部第一集團軍向臨清、大名方向退卻。日軍中島今朝吾第十六師團、山岡重厚第一〇九師團尾追。撤退中吳克仁六十七軍則隨之調往淞滬戰場。

〔2〕參加平型關戰役的獨立第八旅、六十一軍、七十一師相互掩護由平型關、團城口撤往五臺山。

〔3〕忻口會戰拉開序幕。日軍第五師團及關東軍混成第二、第十五旅團向太原方向發起進攻，日軍於當日佔領陽明堡，中國守軍王靖國第十九軍等部隊頑強阻擊。

〔4〕第六十一軍（晉軍）軍長李服膺因在天鎮戰役中，戰敗失守，放棄要地，在太原被處決。

〔5〕國際聯盟決議捐贈 209 萬法郎予中國防疫之用。

10 月 5 日

〔1〕日軍向崞縣、原平發動攻擊，與守城各部隊發生激烈戰鬥。

〔2〕魯軍第十二軍八十一師二四三旅旅長運其昌，帶領第四八五團、第四八六團守衛德州英勇殺敵，損失慘重。因日軍越過德州南下，到達禹城而撤守至陵縣，德州淪陷。

〔3〕美國總統羅斯福在芝加哥發表「防疫隔離」政策演說，抨擊侵略國，提請各國保衛和平。

〔4〕國聯咨詢委員會認定日本違反「九國公約」。

〔5〕陸軍第九軍由軍長郝夢齡率領，由貴州經漢口、石家莊到達忻口前線，參加忻口會戰。該軍由劉家麒第五十四師，以及臨時加入的李仙洲第二十一師、鄭廷珍獨立第五旅組成。

10月6日

〔1〕美國國務院宣言，斥責日本在華侵略行為實際破壞《九國公約》與《非戰公約》。

〔2〕孫連仲第一軍團、馮欽哉第十四軍團、曾萬鍾第三軍及趙壽山第十七師向娘子關轉移，以鞏固晉東門戶，配合忻口會戰。衛立煌第十四集團軍已調山西參加忻口會戰，平漢路我軍實力很弱，只有商震第三十二軍等少數部隊扼守石家莊一帶戰線。

忻口附近地圖

10月7日

〔1〕日軍土肥原十四師團進攻正定，我守軍爲三十二軍的宋肯堂一四一師進行抵抗。右翼友軍爲鮑剛獨立第四十六旅。

〔2〕淞滬日軍已增援至 20 萬人以上，日第三、第九兩師團由蘊藻浜北岸向我軍之正面陣地開始強攻，雙方激戰。

〔3〕國際聯盟大會決議，予中國以精神援助。

10月8日

〔1〕日軍攻佔崞縣，第十九軍傷亡慘重，劉良相、石成文兩團長陣亡。餘部轉移到山區。

10月9日

〔1〕日軍沿平漢鐵路線往南推進。今日侵佔正定。

〔2〕日軍侵佔大同煤礦，委託「滿鐵」開採。

〔3〕英國牛津、劍橋等18所大學教授90人，致電中國教育部長王世杰，對中國抗戰致以最深切的同情，並敦促英國政府協力制止日本侵略行動。

〔4〕上海戰場連日激戰在羅店、劉行、蘊藻浜一帶，日軍並向嘉定進攻。

本書主編在參觀忻口戰役遺址

10月10日

〔1〕東北抗日聯軍第二路軍籌備委員會成立，周保中任總指揮。

〔2〕日軍佔領石家莊。轉攻娘子關，先頭部隊到井陘附近。我馮欽哉第二十七路軍、曾萬鍾第三軍、趙壽山第十七師教導團向娘子關預定陣地推進。

〔3〕東北軍萬福麟五十三軍第六九一團由團長呂正操率領與日軍在束鹿縣半壁店交火。五十三軍全線撤退，置呂團中一個營於不顧。呂正操不予理會，率領該團北上抗日，脫離五十三軍。

〔4〕第三十二軍宋肯堂師與日軍在正定激戰。

10月11日

〔1〕昨日，守軍我第一九六旅與日軍戰於原平，大部犧牲。今日，旅長姜玉珍率殘部突圍出城後，不幸中彈殉國。日軍向忻口前線推進到達下王莊與我軍接觸。

〔2〕第二戰區副司令長官，娘子關前線指揮官黃紹竑到達前線指揮。

〔3〕八路軍繼平型關大捷後曾經取得了多次的勝利，今又克復淶源。

〔4〕李宗仁在赴南京途中，在長沙時向記者發表談話稱；廣西已徵調200萬兵赴前線作戰，必要時廣西可出兵300萬。

〔5〕日軍突破淞滬戰場中國守軍第一道防線後，發動了大場戰役。日軍憑藉戰車及優勢炮火的掩護，由蘊藻浜北岸強渡蘇州河，中國守軍左翼兵團、中央兵團主力，構成以大場為核心的環形防禦。日軍則對中國守軍形成馬蹄形包圍圈。中國軍隊頑強阻擊日軍，激戰幾晝夜，給敵人以大量殺傷。

10月12日

〔1〕國民革命軍新編第四軍（簡稱「新四軍」）成立。抗戰爆發後，國共兩黨就南方各省紅軍游擊隊改編問題舉行了多次談判。當日，國共兩黨達成協定，將在江西、福建、廣東、湖南、湖北、河南、浙江、安徽等8省13個地區（瓊崖除外）的紅軍游擊隊，改編為國民革命軍陸軍新編第四軍，葉挺任軍長，項英任副軍長，張雲逸任參謀長，周子昆任副參謀長，袁國平任政治部主任，鄧子恢任副主任。下轄4個支隊，陳毅、張鼎丞、張雲逸、高敬亭分任4個支隊的司令員。全軍共1萬餘人，歸屬第三戰區。

新四軍第二支隊整編後召開抗日誓師大會

〔2〕第三十二軍退守漳河南岸，在河南北部輝縣、林縣、湯陰一帶休整。自南口退下的湯恩伯第十三軍殘部亦退到漳河陣地。

〔3〕日軍坂垣征四郎指揮忻口會戰。以關東軍第十五旅團爲右翼；自己的第五師團爲左翼。部署全面攻擊。

〔4〕日軍川岸文三郎第二十師團向娘子關發起全面進攻。

10 月 13 日

〔1〕八路軍第一二〇師七一五團收復寧武。

〔2〕日僞軍西犯綏遠，由二十六師團長黑田重德指揮，以僞蒙軍爲前鋒。傅作義三十五軍已調來山西忻口戰場，綏遠空虛。

〔3〕廣西援軍 4 個師加入淞滬戰場。

〔4〕忻口戰役全面打響。中國方面參加作戰的部隊有閻錫山的晉綏軍、國民黨的中央軍和共產黨領導的八路軍（第十八集團軍）。第二戰區指揮部爲此集中 6 個集團軍，共 31 個師、13 個旅，約 28 萬多人，由第二戰區副司令長官衛立煌任前敵總指揮。當日，日軍第五師團在師團長坂垣征四郎指揮下對忻口中國守軍防禦陣地展開全線攻擊，重點置於正面中央軍左翼兵團（指揮官第十四軍軍長李默庵）第十師閻莊陣地和中央兵團（指揮官第九軍軍長

郝夢齡）第五十四師南懷化陣地。當日，南懷化守軍陣地被日軍突破，1300高地被日軍攻佔。中國守軍不斷發起反擊，激戰至深夜，陣地 13 次易手，最終收復 1300 高地。

忻口戰場原址

〔5〕同時，中國軍隊進行正太路防禦戰。中日雙方在娘子關附近展開激戰。當日，日軍第二十師團部隊攻陷舊關，並向雪花山陣地發起攻擊。中國守軍第十七師師長趙壽山率部發起反攻，一部攻入井陘南關車站，由於雪花山守軍指揮疏忽，被日軍攻入陣地一部。第十七師在向雪花山陣地反擊過程中付出了上千人傷亡的代價，趙壽山被迫率殘部 1000 餘人退守荊蒲關、北峪、乏驢嶺一帶。

10 月 14 日

〔1〕日軍編組第 10 集團軍（司令官柳川平助中將），參加上海方面作戰。

〔2〕呂正操領導的「河北人民自衛軍」與中共保定省委領導的游擊軍匯合，在冀中積極開展抗日游擊戰爭。1938 年 4 月下旬人民自衛軍與河北遊擊軍合編爲八路軍第三縱隊，呂正操任司令員、王平任政治委員，下轄 4 個支隊。

〔3〕今日，忻口戰場異常激烈，我軍反擊南懷化、弓家莊之敵。第二十一師師長李仙洲、獨立第四旅旅長于鎮河、第二一八旅旅長董其武均負傷。獨立第五旅旅長鄭廷珍陣亡，由六一四團團長李繼程代理旅長，接著又殉國。再由團長高增級代理，前赴後繼。

〔4〕日軍進攻歸綏（今呼和浩特）。我東北挺進軍、蒙騎獨立旅、國民兵經抵抗後，向西撤出，歸綏失守。

〔5〕國民政府駐國際聯盟常任代表胡世澤照會國聯，說明日本違反國際法在華使用瓦斯與達姆彈之事實。

忻口前線的我軍炮兵陣地

10月15日

〔1〕忻口戰場我第二一八旅、第二一七旅攻擊中泥河、東泥河陣地。日軍集中飛機、大炮、坦克猛攻我第十四軍大白水陣地。

〔2〕日機初襲廣西桂林、梧州，死傷平民7百餘人。

〔3〕中國政府外交部長王寵惠今天向美國聽眾作播音演說，歷述日本侵華暴行，並謂：根據人道與正義之立場，中國謹向美國大眾請求二事：一、萬不可直接或間接資助侵略者以便利；二、應極力使中國伸張今日之生死抗

戰。

〔4〕韓復榘第三集團軍各部退守徒駭河南岸。原由馮玉祥領導的第六戰區，戰地盡失而撤銷。津浦路戰區由韓復榘領導，歸屬設在徐州李宗仁第五戰區，戰線南移。

〔5〕中國增援上海的桂軍由二十一集團軍總司令廖磊率領由蘇北海州開到上海前線，奉命增援大場，立即投入戰鬥，對敵全面反攻。周祖晃第七軍設陣地在洛陽橋，韋雲淞第四十八軍向黃岡、北侯宅、談家頭之敵攻擊，目的恢復蘊藻浜南岸陣地。並有第六十六軍和第九十八師相結合，全面反擊，激戰徹夜，各路均有進展。日軍攻佔上海南岸陣地。在危急關頭，廖磊率第四十八軍和第七軍第一七一師趕到，奉命投入戰鬥，經頑強抵抗，反覆衝殺，始將陣地穩定，使日軍威脅東正面作戰軍側背的企圖未能得逞。

10月16日

〔1〕綏遠省丟失歸綏後，接連包頭又失陷。

〔2〕忻口戰場我軍向盤踞在南懷化之敵猛攻，第九軍軍長郝夢齡，第五十四師師長劉家麒率部英勇抗擊犧牲。由六十一軍軍長陳長捷接替郝夢齡指揮中央兵團。第九軍軍長由十四集團軍參謀長郭寄嶠擔任。郝夢齡也是在抗戰中犧牲最早的一位軍長。

〔3〕中共中央軍委總政治部成立，任弼時為主任。

〔4〕劉少奇發表《抗日游擊戰爭中的若干基本問題》。

忻口戰役中繳獲的日軍武器

10月17日

〔1〕昨，日軍飛機連續轟炸邯鄲火車站、邯（鄲）大（名）公路沿線，邯鄲軍政人員棄城南逃。今日，日本華北派遣軍第一軍第十四師團佔領邯鄲城，河北全省失守。他們在邯鄲城北的黃粱夢村駐紮了一個小隊的日軍，並在這裡修建了據點。爲了實現他們奴化中國人民的罪惡目的，強行將黃粱夢村改爲「王化堡村」取所謂「順王道而化之」。

〔2〕魯軍曾一度克復平原、德州。

〔3〕八路軍挺進隊一部克復曲陽、繁峙。

〔4〕淞滬戰場，日軍猛攻葛家牌樓，泰慶武團 1400 餘人頑強抵抗，全部犧牲。

〔5〕日軍西犯包頭。馬占山東北挺進軍騎兵第六師在磴口阻擊無效，向河套轉移。綏遠包頭以東盡被日軍佔領。

10月18日

〔1〕晚起，中國守軍左翼兵團第六十六軍，中央兵團第四十八軍和八十七師等部，以 3 萬兵力組成 3 路敢死隊，實施反突擊，激戰數晝夜，大部戰

死。日軍傾其兵力大舉反攻。

10 月 19 日

〔1〕中國軍隊在淞滬戰場組織全面反攻，進擊泗涇球場，空軍夜襲蘊藻浜日軍陣地。

〔2〕八路軍第一二九師第七六九團夜襲代縣陽明堡飛機場，擊毀日機 24 架，殲敵百餘人。有力支持忻口會戰。

10 月 21 日

〔1〕淞滬戰場我軍部署：第二十一集團軍以步兵 6 個旅編爲第一路攻擊軍，由談家頭。陳家行正面攻擊前進，保持重點於左翼，第一攻擊目標爲盛宅、橋亭宅、頓悟寺之線，第二攻擊目標爲西塘橋、東趙家角、西六房之線。第十九集團軍之第六十六軍編爲第二路攻擊軍，由盂家宅、馬家宅正面攻擊前進，第一攻擊目標爲楊家宅、徐宅，唐喬頭、衛家宅之線，第二攻擊目標爲田都、孫家頭之線。第十五集團軍以第九十八師編爲第三路攻擊軍，由廣福、費家宅正面攻擊前進，向東南方向壓迫敵人，第一攻擊目標爲老宅、張家宅，其他第一線正面各師除守各陣地部隊外，應編成數個有力突擊隊，向敵陣地要點突擊，策應攻擊軍的戰鬥。原固守第一線陣地鄰接攻擊軍之各師，應抽調預備隊協同攻擊軍前進，掩護其側背，另以炮兵作有力支持。

10 月 22 日

〔1〕從本日起到 28 日，八路軍第一二九師爲打擊沿正太路西進之敵，在娘子關附近地區先後進行長生口和七亙村戰鬥，僅七亙村戰鬥就殲敵 400 餘人。

10 月 23 日

〔1〕中國海軍「應瑞」號輕巡洋艦在江陰采石磯被日軍飛機炸沉，15 名官兵陣亡。至此，在長江內的中國海軍四艘主力巡洋艦「平海」、「寧海」、「應瑞」、「逸仙」號全部被日軍飛機炸沈。

被炸沉的「應瑞」號巡洋艦

〔2〕兩日來，上海敵軍主力在飛機、軍艦配合下，對我二十一集團軍進行反攻，雙方傷亡甚大。我軍退守小石橋、大廠、走馬塘、新涇橋、唐家橋一線。第五一〇旅長龐漢禎、五一一旅長秦霖、團長廖雄、謝鼎新、褚兆同陣亡。足見戰鬥十分激烈。

〔3〕日本人在寶山縣成立偽縣政府，日人吉田為縣長。

10月24日

〔1〕近日，平漢路沿線我軍實行局部反攻，曾一度克復石家莊、正定、唐縣、魏縣、清風店等地，旋即失守。

〔2〕川軍第四十一軍來山西經陽泉到達正太沿線的馬山一帶。

〔3〕中日忻口會戰激烈進行中。當日，日軍萱島支隊（以「駐屯步兵旅團」第二聯隊為基幹）作為第五師團增援，投入忻口戰場。

10月25日

〔1〕上海大場陣地被日軍攻陷。淞滬戰場的中國軍隊四面受敵，被迫戰略轉移，撤至蘇州河陣地，戰場從市區北郊轉入市區。

10月26日

〔1〕日本第二十師團攻佔娘子關。在爭奪娘子關等陣地的戰鬥中，中國守軍第二十六路軍等部付出重大傷亡，僅餘兵力五六千人。正太路中國守軍全線潰退，追擊日軍又先後佔領平定、陽泉。娘子關失陷使山西「東大門」洞開。忻口被困之敵難以聚殲，前功盡棄。

〔2〕淞滬戰場今日，敵第九、第十一、第十三師團主力向大場陣地猛攻，大場鎮被日軍攻佔，防守該地的第九集團軍第十八師師長朱耀華忿而自戕。大場失陷，退守南翔。造成淞滬中國中央作戰軍的側背受到嚴重威脅。第三戰區下達第 7 號作戰命令，中央作戰軍及左翼作戰軍奉命向蘇州河南岸陣地撤退，僅留掩護部隊堅持原陣地。

〔3〕閘北方面：八十八師一部，由謝晉元指揮率楊瑞符營 452 人扼守四行倉庫。掩護江灣、廟行、閘北國軍退出第二道防線。

〔4〕日軍攻擊邯鄲以東的成安，六十八軍（原二十九軍擴編）姚子壽營與縣長李熙章組織的地方武裝、警察相結合，殲滅日軍一個大隊五百多人。這是七七事變後首次發生的軍民同仇敵愾守城戰。

〔5〕日海軍陸戰隊侵佔金門。日軍水兵百餘人在金門後浦登陸，守軍被擊潰，縣長鄺漢逃走，金門失守。省長陳儀按「戰時軍律」將鄺漢處決。

10 月 27 日

〔1〕在日本策劃下，偽蒙古軍政府改組為「蒙古聯盟自治政府」。成立于歸綏（即呼和浩特。）

〔2〕日軍侵佔閘北，大肆燒殺，盡成焦土。第八十八師五二四團團副謝晉元，奉令率 800 官兵（實為 378 名）固守四行倉庫戰鬥，先後擊退日軍六次進攻，掩護主力部隊撤退。在謝晉元指揮下，800 官兵孤軍作戰，打退日軍多次進攻，斃傷日軍百餘人。至 31 日，完成阻擊任務，奉命撤入公共租界。四行戰鬥受到上海人民的支持和讚譽，官兵被譽為「八百壯士」。英勇事迹，轟動全市。

四行之戰震動了世界，租借地的各國軍事專家隔河觀戰

在四行倉庫奮戰的八百壯士

第八十八師五二四團團副謝晉元

10月28日

〔1〕我軍放棄眞如，撤退到蘇州河南岸，雙方在中山路、北新涇一帶對峙。

〔2〕在日本的授意下，第二次蒙古大會在歸綏（今呼和浩特）召開，宣佈成立「蒙古聯盟自治政府」，日本方面指定雲王（未到會）爲自治政府主席，德王爲副主席。政務院下設總務、財政、保安三部，陶克陶、吉爾嘎郎、王宗洛分任部長。吳鶴齡任參議會參議長，日本最高顧問是金井章二。

10月29日

〔1〕蔣介石在國防最高會議作《國民政府遷都重慶與抗戰前途》的報告。發表對外宣言：㈠淞滬戰場之失利爲局部之得失，無關全局之勝敗；㈡決與敵抗戰到底，無妥協餘地，㈢國際調解則可，直接交涉則不可。

〔2〕東北抗日聯軍獨立師改編爲東北抗日聯軍第十一軍，軍長祁致中。

〔3〕八路軍第一一五師一部創建晉察冀邊區抗日根據地。

〔4〕女童子軍楊慧敏冒死向守衛四行倉庫的壯士獻中國國旗，新聞轟動

中外。上海《申報》寫道：「晨曦初上，國旗飄展，隔河民眾紛紛脫帽鞠躬，感動落淚。」

10 月 30 日

〔1〕松井石根被任命為日軍華中派遣軍司令官。

〔2〕上海戰場我軍繼續後撤，放棄真如。日軍直插蘇州河，進攻周家橋。

10 月 31 日

〔1〕國民政府發表宣言，決定遷都重慶，繼續抗戰，以爭取最後勝利。

〔2〕四行倉庫孤軍與敵對抗五日後，被我方當局令於 31 日撤出，退入公共租界。

1937 年 11 月 中國軍隊撤出上海

11 月 1 日

〔1〕蔣介石在南翔召開軍事會議，命令各軍凡已撤退者，必須返回原陣地，未撤者不得移動。

〔2〕中蘇第一次信用借款，計 5000 萬美元，5 年還本。

11 月 2 日

〔1〕中國軍隊奉命由忻口全面撤退，退守太原。原擬聚殲日寇的忻口會戰共歷時二十三天而夭折，雖然沒有達到原來目標，戰果顯著，共殲滅日寇三個聯隊，但我軍也損失慘重。

〔2〕八路軍第一二九師在昔陽黃崖底伏擊日軍，殲敵 3 百餘人。忻口會戰中國軍隊奮戰一個月，消滅日軍兩萬餘人。

〔3〕日本外相廣田向德國駐日大使狄克遜提出對華「和平」條件。

〔4〕日軍第一○九師團一個聯隊約兩千餘人，由河北省井陘縣分路進入山西省昔陽九龍關、東冶頭。晚，佔領昔陽城。

11 月 3 日

〔1〕討論日本侵略中國問題的《九國公約》參加國布魯塞爾國際會議召開。日本和德國拒絕參加。中國代表籲請各國對日本實行經濟制裁，對中國

抗戰予以援助。但會議在英、美操縱下，否決了蘇聯關於集體制裁日本侵華罪行、實行集體安全原則的主張。會議 24 日結束。

〔2〕日軍第五師團奉命攻取太原。

〔3〕娘子關前線中國部隊向太原方向轉移，準備迎戰。

11月4日

〔1〕八路軍第一一五師第三四三旅於廣陽鎮地區伏擊殲滅日軍第二十師團 1000 餘人，繳獲騾馬 700 餘匹和大批軍用物資，有力的遲滯了日軍的西進行動。

〔2〕第二戰區司令長官閻錫山在太原召開軍事會議，計劃以從娘子關敗退的孫連仲部據守太原以東高山既設工事，以第七集團軍傅作義部（以第三十五軍爲主力）死守太原，並任命傅作義爲太原守備司令。第二戰區司令長官部指揮所移駐交城。閻錫山率領第二戰區和山西省政府人員撤離太原，轉移到交城，隨後又轉移到隰縣大麥郊。日軍第二十師團侵入榆次，川軍在鳴謙鎮與日軍遭遇，傷亡慘重。

11月5日

〔1〕日軍第十集團軍司令官柳川平助率第六、第十八和第一一四師團，以及國崎大隊，在日第三艦隊海空兵力支持下，在杭州灣北部金山衛附近（曹涇鎮、全公亭、金絲娘橋）海岸登陸，策應日本上海派遣軍實施迂迴包圍。淞滬抗戰形勢頓時急轉直下，上海守軍有被包圍的危險，形勢險峻。我軍急令右翼集團陶廣第六十二師、陳安寶第七十九師、張鑾基第四十五旅夾擊金山衛之敵

〔2〕我軍由彭城進擊邯鄲敵軍，燒毀其機場。

〔3〕平漢線日軍侵佔安陽，繼續南下。

〔4〕日軍向太原推進，由忻口南下的已包圍太原，順正太路西進的到達榆次。

11月6日

〔1〕日軍對成安縣進行報復性的屠城，姦淫燒殺無所不爲。殺害城內外百姓五千六百餘。六十八軍姚子壽營戰士亦全部犧牲。

〔2〕意大利參加日、德防共協定。

11 月 7 日

〔1〕以五臺山為中心的晉察冀軍區正式成立，聶榮臻為司令員兼政治委員。轄四個軍分區。第一一五師與第一二九師又於廣陽地區予敵以重創。

〔2〕太原被日軍第五、第二十、第一〇九師團完全包圍。傅作義指揮第三十五軍等部隊頑強抵抗，但是傷亡較大，所餘兵力嚴重不足。

〔3〕日軍在杭州灣登陸成功後，其參謀總部下達「臨參命」第 138 號令，將上海派遣軍和第十軍臨時組成華中方面軍，由松井石根任司令官（仍兼上海派遣軍司令官），同時規定作戰地域為蘇州、嘉興一線以東。

11 月 8 日

〔1〕日軍佔領太原。日軍東、北兩路兵團主力彙集太原城下，發動總攻。在日軍飛機的輪番轟炸和炮火的猛烈轟擊下，太原東、北兩面城牆多處塌陷，日軍突破中國守軍陣地，中國守軍誓死不退，反覆拉鋸爭奪，死亡異常慘重。當日，太原城防總司令傅作義見局勢已無法挽回，下令所部向西突圍，太原遂告陷落。守軍傅作義等部突圍轉移到西山。此後，中日在華北方面的大規模會戰告一段落。

〔2〕日本第十軍主力從杭州灣方向開始包抄淞滬中國軍隊的側翼，「上海派遣軍」也開始向當面中國軍隊發起進攻。中國統帥部發現淞滬戰場的中國軍隊已處於將被包圍的境地，蔣介石急令從上海撤退。由於撤退時機已晚，加上通訊手段落後，命令到達右翼軍司令部（司令張發奎）時已是 11 月 9 日，各路部隊在撤退中陷入混亂，造成極大損失。10 日，掩護右翼軍撤退的左翼軍（司令薛岳）也受命後撤，但 11 日 14 時各集團軍總司令方接到命令。

〔3〕吳克仁第六十七軍由於被調來上海，準備阻止金山衛登陸敵軍。但部隊尚未集中，就被敵人各個擊破。吳克仁率六十七軍協同四十三軍郭汝棟部及松江保安部隊死守松江以掩護上海守軍撤退。敵谷壽夫師團攻打我軍，戰況激烈，傷亡慘重。吳克仁以戰況緊急，乃親自出城督戰。堅持到 8 日半夜，吳克仁以守城任務已經達成，遂商定突圍，令六十七軍向崑山撤退。9 日黃昏，吳克仁將軍在指揮部隊渡河時不幸中彈犧牲。

11 月 9 日

〔1〕中共中央軍委指示八路軍：在華北以國民黨軍為主體的正規戰已經結束，以我軍為主體的游擊戰爭進入主要地位的形勢下，敵人不久將以主要

力量向我區內線各要點進攻。因此八路軍在晉東北、晉西北、晉東南和晉西南地區的部署，應控制一部兵力擔負襲擊敵人任務，大部兵力分散到各地發動群眾，建立群眾武裝，以準備充分力量對付敵之圍攻。

11月10日

〔1〕上海戰場日軍進佔虹橋機場和龍華鎮，續向青浦、白鶴港逼近。我第五十八師第一七四旅長吳繼光指揮戰鬥時陣亡。我軍最後撤出南市。

〔2〕河北慶雲（現屬山東）失陷，韓復榘部向黃河南岸潰退。

〔3〕山西交城、平遙盡失。閻錫山敗走臨汾。

11月11日

〔1〕河北大名失陷，守軍退到衛河以南。

〔2〕上海市長俞鴻鈞發表告市民書，沉痛宣告遠東第一大都市——上海淪陷。前後在上海抗擊日寇共九十天。

11月12日

〔1〕日軍佔領上海。中國第三戰區各軍全部撤出上海，日軍海軍陸戰隊及「上海派遣軍」迅速佔領上海市區。同時，原在滬西地區作戰的中國軍隊也撤出淞滬地區。上海我軍主力西撤，西進之敵尾追到達安亭西南。

〔2〕日軍佔領上海後。上海日軍總司令松井石根發表談話，謂日本已成上海主人翁，必要時可對租界採取任何行動。

〔3〕毛澤東在延安黨的活動會議上作《上海太原失陷後抗日戰爭的形勢和任務》的報告，強調必須堅持統一戰線中的獨立自主原則，明確指出在黨內在全國均須反對投降主義。

〔4〕津浦路以東戰爭激烈，日軍猛攻臨邑、商河、惠民、陽信、濟陽等地，竟日在黃河沿岸轟炸。

11月13日

〔1〕八路軍總部決定第一一五師率第三四三旅適時轉入呂梁山脈，創建晉西南根據地；第一二九師主力由正太路南下，依託太行、太岳山脈，創建晉冀豫邊抗日根據地。

〔2〕魯軍炸毀山東黃河鐵橋，退守黃河南岸。

〔3〕淞滬戰場中國軍隊撤退工作十分混亂。當日，中國第三戰區鑑於日軍有切斷支塘鎮附近公路的可能，認為昆（山）支（塘）陣地已趨不利，遂下達第11號作戰命令，組織淞滬地區各部隊再次後撤，向吳福線陣地轉移。由於各部隊在後撤時組織混亂，加上日軍飛機轟炸和尾追攻擊，各部隊未能進行交替掩護的設想，撤退工作極為混亂，造成極大傷亡。

11月14日

〔1〕日軍沿京滬線繼續追擊我軍，瀏河、太倉相繼陷落。

〔2〕浙江省遂昌縣政府代表朱鎮山到雲峰鄉與紅軍閩浙軍區司令員粟裕指派的文清、劉清揚進行停戰談判，達成國共合作抗日協議。

11月15日

〔1〕第十八集團軍總部抵山西沁縣。

〔2〕「九國公約」會議通過譴責日本宣言。

〔3〕淞滬戰中，撤退的中國各集團軍主力基本撤至吳福線陣地，但由於準備、組織工作太差，陣地沒有地圖，工事沒有鑰匙，致使無法正常在當地組織防禦。

11月16日

〔1〕國民政府南京各機關開始向重慶、漢口、長沙等地遷移。

〔2〕上海方面，崑山失守。，崑山是滬寧線交通樞紐，，一旦失守，上海至南京的鐵路、公路交通將被切斷，上海守軍與後方聯繫十分困難。.

11月18日

〔1〕日本發布大本營令。20日，設置日軍大本營。

〔2〕日軍佔領煙臺。侵華日軍佔領煙臺後，成立偽煙臺市公署。偽煙臺市公署奉日本佔領軍之命，在東南河實施鋪路工程，用於戰爭。

11月19日

〔1〕日軍沿滬寧鐵路西進。第十軍佔領嘉興，第九師團佔領蘇州，第十一師團攻佔莫城鎮，第十六師團佔領常熟。我軍退守江陰、無錫一帶。我國所設的吳（蘇州）福（山）線、乍（浦）嘉（善）線既設國防線，相繼失守。被迫再次西撤。

〔2〕國民政府成立首都衛戍司令長官部，以唐生智爲司令長官，劉興爲副司令長官。開始部署南京的防守。

11月20日

〔1〕日軍逼近南京，國民政府正式發表遷都重慶，並將統帥部遷至武漢，以表明長期抗戰決心，並稱中國始終堅持決不接受任何屈辱條件。同日，首都衛戍司令長官部長官唐生智發布戒嚴令，南京地區進入戰時狀態。

〔2〕川軍第二十三集團軍五個師、兩個獨立旅集結在廣德、泗安、安吉間，策應南京會戰。

〔3〕爲適應擴大侵華戰爭的需要，日本政府設立大本營，並於御殿上正式宣告成立。

〔4〕日本「華中方面軍」部署進攻無錫、湖州的作戰計劃，但其第十軍（轄第六、第十八、第一一四師團及國崎支隊）不遵照該部署，自行制定了「以軍主力獨自果斷地向南京追擊」的方針。

11月21日

〔1〕上海市社會局統計上海之實業損失，達 8 億元，工廠 5255 家完全被毀，且南市大火延燒 9 日，火勢仍熾。

〔2〕上海日軍司令松井石根向租界要求：取締反日言論，解散國民黨一切組織，監視中國官吏行動，檢查郵電。

〔3〕中國空軍英雄高志航在蘭州機場接收蘇聯飛機返回途中，遇日機來襲，不幸以身殉國。高志航曾是中國空軍「四大天王」之一，中國國民政府追認他爲空軍少將。

11月22日

〔1〕在關東軍策劃下，僞「察南自治政府」、「蒙古聯盟自治政府」於張家口聯合成立「蒙疆聯合自治委員會」。

〔2〕第一戰區主力部隊退守豫北淇河一線。

〔3〕日軍猛攻江陰炮臺。宋希濂率七十八軍第三十六師殘部抵達南京。

11月23日

〔1〕鄧龍光第八十三軍由廣州到達無錫前線，以掩護主力向西撤退。日

軍第九、第三、第十六師團主力向無錫推進，我軍奮力抵抗。

〔2〕日軍開始在太湖南北兩側發起進攻。

〔3〕日軍第十八師團及僞滿軍一部由浙江泗安進攻廣鎔東部的界牌，並一度佔領飛機場，被駐守的第一四五師擊退。

11 月 24 日

〔1〕日軍首次圍攻晉察冀邊區。

〔2〕本月，山西新軍進至晉東南等地開展抗日游擊戰爭。

〔3〕日僞軍開始對活動在僞三江省的東北抗日聯軍發動大規模「討伐」。

〔4〕宋慶齡在上海發表《關於國共合作的聲明》。

〔5〕日機空襲南京，被擊落兩架。警報解除後，蔣介石與夫人同乘汽車巡視全城撫慰市民。

11 月 25 日

〔1〕當日，日本上海派遣軍突破中國第七十四軍、第三十九軍陣地，佔領無錫。日軍沿太湖向前推進，進攻長興、宜興、及湖州等地。

〔2〕同日，日本第十軍突破中國第七軍陣地，佔領湖州。隨後，中國統帥部令從淞滬戰場撤退部隊「脫離敵由京杭國道之大包圍」，迅速向後撤退，同時撤銷第十五、第二十一集團軍番號。

11 月 26 日

〔1〕江陰要塞保衛戰開始。當日，日本「上海派遣軍」爲了爲下一步進攻南京做準備，命令第十三師團及集成騎兵隊攻佔江陰要塞。江陰要塞中國守軍有步兵師 2 個，即第一○三師、第一一二師；擁有所屬的江防海軍艦艇和大炮 61 門（其中包括有新增設的德國 88 毫米高射炮及 150 毫米加農炮），統歸江防軍總司令劉興指揮。

〔2〕日軍先後出動飛機數百架次，轟炸廣德、蕪湖、安慶、阜陽等地城區及郊區重要村鎮，炸毀房屋 5 萬多間，炸死居民 4 萬多人。

〔3〕同日，中日兩軍在泗安附近爆發激戰。日軍第一一四師團及第十八師團分別向金村、南山的中國第一四四師及泗安的第一四五師陣地發起進攻，由於陣地無險可守，很快被日軍突破。第二十一軍軍長唐式遵嚴令第一四五師發起反擊，但該師唯一未投入戰鬥的劉洪齋團竟拒絕命令不肯反擊，

師長饒國華抱恨自殺。

〔4〕同日，第七戰區司令長官劉湘令獨立第十三旅、第一四六師分別從兩翼發起反擊，企圖奪回泗安。但第七戰區副司令長官陳誠令第十九集團軍及第七軍撤向徽州，第二十一軍、第二十三軍等部隊也接令撤退。第一四六師未接到撤退命令，仍於當夜向泗安日軍發起突襲，殲滅日軍一部並繳獲大批物資，成功收復泗安。但由於友軍均已撤退，第一四六師被迫於次日向廣德方向撤退。

日軍重炮向中國軍隊陣地進行炮擊

11 月 27 日

〔1〕公佈對日作戰大本營發布南京衛戍部隊戰鬥序列。準備在南京一戰。唐生智向中外記者宣稱：「願與南京共存亡」。

〔2〕日軍第十三師團猛攻江陰要塞。守軍五十七軍的霍守義一一二師與何知重第一○三師對敵軍進行頑強抵抗。該兩個師臨時由江防軍總司令劉興指揮。

〔3〕今日俞濟時帶領七十四軍殘部退至南京東郊，被編入南京衛戍軍戰
鬥序列。

〔4〕僞「河南自治政府」成立於安陽，蕭瑞宣爲主席。

11 月 28 日

〔1〕蔣介石訓示南京戰事，盼能固守二周以上。

〔2〕日軍參謀本部批准佔領南京的計劃。同日，日軍攻陷吳興，中國的
錫澄線又遭突破。

11 月 29 日

〔1〕日軍陷常州、宜興。佔領宜興後，繼而直撲溧陽，明顯是想通過句
容攻向南京。一股進犯江陰要塞，兵分四路，向南京急速推進，其太湖南之
部隊，已進抵廣德前郊。日軍第十三師團及集成騎兵隊主力在海軍航空兵火
力支持下，向江陰要塞發起猛烈進攻。中國守軍（第一○七師、第一一二師、
要塞守備隊等）在江防軍總司令劉興指揮下頑強抗擊，陣地多次失而復得，
戰鬥中擊沉日艦 1 艘、擊傷兩艘，並擊落日機一架。

〔2〕蔣介石當日率領唐生智等有關將領到紫金山、雨花臺、獅子山南京
復廓陣地視察。

11 月 30 日

〔1〕中國軍隊在南京城東 75 公里處完成弧形防禦線，起自鎮江經丹陽、
金壇、溧陽而至蘭谷。

〔2〕日軍十八師團佔領廣德後，兵分兩路繼續北犯，一路經宣城、灣址
進攻蕪湖，一路經郎溪、溧陽迂迴南京。

〔3〕日本內閣政府批准 1937 年至 1939 年戰時預算 28.68 億日元。

1937 年 12 月　南京保衛戰受挫

12 月 1 日

〔1〕江陰要塞在日軍猛攻下陷落。當日，日軍第十三師團部隊突入江陰
城中，同時江陰要塞火炮等很多被炸毀，中國江防軍總司令劉興被迫依據大
本營意圖下令突圍，並以要塞炮火掩護步兵突進。激戰至午夜 24 時，要塞守

軍破壞炮臺後渡江。但由於各部隊遭到日軍阻擊，多數未能按照命令行動，在突圍過程中受到很大損失。日艦在江陰被我擊沉七艘。最後守軍何知重第一○三師沿滬寧路西撤。霍守義一一二師屬於繆徵流五十七軍，軍部駐在江北，因之由江陰北撤。

〔2〕日軍大本營下達進攻南京的命令。

12月2日

〔1〕德國駐華大使陶德曼抵達南京。

〔2〕廣州調來江蘇戰場的鄧龍光第八十三軍在武進完成掩護主力撤退後，退到鎮江附近集結。

〔3〕第十三師團佔領江陰要塞。同時，日軍第十八師團佔領廣德、丹陽，第九師團佔領金壇，第一一四師團佔領溧陽，向南京逼進。至此，日本華中方面軍各部隊已按預定計劃佔領兩個了攻擊南京的前進據點，中國第三戰區和第七戰區軍隊也均已撤離（無）錫澄（山）線和宜興、廣德等地。

〔4〕淞滬會戰宣告結束。淞滬會戰中，中國投入 70 餘萬兵力，日本投入 30 餘萬兵力。據中國軍事當局統計，中國軍隊傷亡約 25 萬餘人，日本參謀本部統計日軍傷亡 4 萬餘人。

12月3日

〔1〕第七十一軍調來龍潭，一部繼續留駐鎮江，作為守衛南京部隊。

〔2〕日機第 111 次轟炸南京，被中國空軍擊落兩架。日機又炸廣九路，在平湖站被擊落一架。

〔3〕日本外相廣田稱：日本決心在中國各地掃除國民政府之作戰根據地，並加速「新政權」的產生。

〔4〕日軍對南京形成包圍之勢。從句容、天王寺、常州、江陰、鎮江等三面公路向南京推進。

12月4日

〔1〕日機首次轟炸蘭州。

〔2〕第二軍團徐源泉部兩個師奉命由湖北來援南京，包括丁治磐四十一師、徐繼武四十八師。當日四十一師到達浦口，隨即到棲霞、龍潭陣地。三日後四十八師亦到南京，開赴楊坊山、烏龍山佈防。第二軍團算為新加入的

部隊，第七十一軍、第七十二軍、第七十四軍、第七十八軍、第六十六軍均是由上海戰場退回來的疲憊之師，雖然均由師級升格為軍番號，只是虛號。形勢極為不妙。第八十三軍在上海撤退時加入戰鬥，情況稍好些。另德式裝備的桂永清教導總隊及蕭山令憲兵總隊留守南京，戰鬥力較強些。

12月5日

〔1〕蔣介石表示，日軍應先退出中國，始能談判和平，陶德曼調解未果，即返漢。

〔2〕日機炸蕪湖，英國「德和」、「大通」兩輪被炸毀。

〔3〕我第六十六軍、七十四軍各在句容、湖熟與敵軍接觸。大戰即將開始。我軍第一線、第二線均進入陣地。大戰一觸即發。

〔4〕安徽日軍連陷郎溪、宣城、蕪湖、當塗。

12月6日

〔1〕日軍兵分四路進攻南京，其先頭部隊離南京只有5公里。離南京48公里之句容縣城淪陷。

〔2〕國民政府褒揚於忻口會戰南懷化戰役殉國的陸軍第九軍軍長郝齡夢，追贈郝為陸軍上將。第五十四師師長劉家麒，獨立第五旅長鄭廷珍，各被追贈為陸軍中將。

〔3〕汪精衛在漢口主持召開國防最高會議第54次常委會議，決定接受陶德曼調停，「實現中日和平」。

〔4〕羅卓英任命為南京衛戍副司令長官。

〔5〕守衛鎮江的第八十七師歸還到第七十一軍建制。由江陰退下來的何知重第一○三師接防鎮江阻擊任務。

〔6〕南京市實行戒嚴。劃定新街口至山西路、中山路以西為難民區。

12月7日

〔1〕日軍華中方面軍下令向南京外圍第一線防禦陣地發起進攻，中日兩軍展開激烈的陣地爭奪戰。日軍投入上海派遣軍和第十軍共7個師團另一個旅團，將南京團團包圍。中國南京衛戍軍擁有八個軍、一個教導總隊及憲兵部隊，共十五個師10餘萬人。當日，蔣介石於5時15分離開南京乘機飛贛。

〔2〕南京警備部隊對軍火庫、飛機庫、汽油庫、工廠進行了有系統的破

壞，有奈軍事的房屋也進行了焚毀。

12月8日

〔1〕南京外圍陣地遭到日軍猛攻，中國守軍在日軍炮火及航空兵火力打擊下傷亡慘重。南京外圍陣地多處重要據點被日軍攻佔。今日拂曉，日軍三面向南京發起正面總攻。秣陵關、淳化鎮、湯山、大湖山、江寧鎮相繼陷落。為此，南京衛戍司令長官部下令第一線陣地守軍退守復廓陣地。

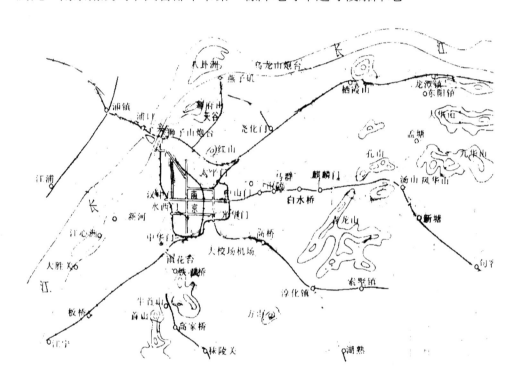

南京保衛戰形勢圖

〔2〕日軍天谷支隊已進入鎮江。原守衛鎮江的何知重第一０三是向南京撤退，隨行者還有當時在江陰執行掩護任務的第一一二師留下的一個營。

〔3〕唐生智公館被炸，部分人員遷到鐵道部辦公。運輸司令部向江北轉移。

〔4〕日本驅逐艦、炮艦各一艘炮擊廈門五通。我守軍還擊，炮艦、驅逐艦均被擊沉。

〔5〕晚，守軍退守復廓陣地。第二軍團在棲霞山、烏龍山地區佔領陣地，

聯繫烏龍山要塞炮臺嚴密封鎖長江，並竭力阻擊鐵路西進之敵。第三十六師在紅山（大紅山）、幕府山、下關、挹江門附近佔領陣地，聯繫獅子山要塞，阻擊來攻之敵。教導總隊在紫金山、麒麟門、中山門一帶佔領陣地，阻擊由京杭公路（寧杭公路）來犯之敵。第八十七師守備在光華門、紅毛山及通濟門營房一帶。第八十八師守備雨花臺、中華門一帶。其餘部隊為總預備隊，位置於城內，擔任治安的維護及防空等任務。

12月9日

〔1〕由於中國守軍從第一線陣地撤退倉促，導致日軍趁勢追擊，部分復廓陣地未及鞏固已遭突破。當日拂曉，日軍第六、九、十六、一一四師團已進抵南京城下。日本「華中派遣軍」司令官松井石根對南京守軍發出最後通牒，進行勸降。同時向國民政府提出最後通牒，逼其投降。限十日午前交出南京城。唐生智發布命令，要求的守備部隊「應與陣地共存亡」。

〔2〕當日，日軍第九師團在坦克配合向光華門發起攻擊，少數日軍突入城內。中國守軍第八十七師和教導總隊頑強抵抗，並發起反擊，將迫近光華門的日軍全部擊退。日軍一部攻陷高橋門，佔領七橋甕。上午突破光華門。我守軍教導總隊謝承瑞團協同八十七師裏外夾攻，擊退大校場之敵，圍困住城門洞之敵。同日，日軍國崎支隊佔領當塗。

〔3〕由湖北來援的第四十一師與敵在棲霞山展開爭奪戰，三進三出，十分激烈。後向第四十八師靠攏。第五十八師牛頭山陣地被突破，向水西門附近集結。

〔4〕中共中央政治局舉行會議。11月底從蘇聯回國的王明（當時任中共駐共產國際代表、共產國際執行委員會委員、主席團成員）在會上作了《如何繼續全國抗戰與爭取抗戰勝利呢抬》的報告，提出了中央洛川會議過分強調獨立自主和民主、民生；要求八路軍新四軍完全統一於國民黨軍隊，放棄無產階級領導權。但由於毛澤東等人的抵制，王明的錯誤意見未能形成決議。

12月10日

〔1〕唐生智拒覆松井石根的最後通牒，並令炮兵開炮予以回答。城內積極構築工事，準備巷戰。

〔2〕南京雨花臺、紫金山一帶激戰，城垣被日軍炸毀多處。第一五六師和憲兵一部增援光華門，到黃昏時份，光華門守軍將昨日困在城門洞的日軍

全部燒死，通光營之敵已被消滅。

〔3〕由鎮江退回的第一○三師，在中山門城垣擔認守備。

〔4〕侵佔廣德之日軍第十八師團尾追我退軍，直趨蕪湖。今日日軍侵佔蕪湖。

〔5〕偽「山西省自治政府」成立於太原。

12月11日

〔1〕國民政府明令褒揚死守廣德之陸軍一四五師師長饒國華，追贈爲陸軍上將。

〔2〕日軍在光華門久攻不下，主力轉向攻擊紫金山、雨花臺、中華門、楊坊山、銀孔山、江心洲等處。日軍第十六師團猛攻紫金山，遭中國教導總隊兩個師堅決抗擊，進展甚微。日軍第十軍第一一四、第六師團猛攻雨花臺，中國守軍第八十八師第二線陣地再度丟失，被迫據守核心陣地。第一一四師團同時進攻中華門，並用炮火摧毀擊破城門，少數日軍突入城內，但被第八十八師部隊全殲。守銀孔山的第二軍團下落不明。

〔3〕同日，蔣介石爲避免南京守軍被全殲，令在江北的顧祝同轉告南京衛戌司令唐生智，決定令守軍全部撤退。當晚，衛戌長官司令部接到蔣介石下達的南京撤退命令。

12月12日

〔1〕日軍右翼第十三師團的第二十六旅團已擊退第五十七軍的第一一一師，佔領靖江；天谷支隊已攻入鎮江；日軍左翼國崎支隊進至當塗，當塗失陷。

〔2〕當日，南京中國守軍在日軍猛烈進行中繼續頑強抵抗。中午時分，中華門及其以西城垣數處倒塌，日軍從缺口突入城內。城內散兵與難民爲躲避日軍，紛紛向城北部難民區逃跑。南京衛戌司令部下令第三十六師負責維持城內秩序。當日17時，南京衛戌司令部召開師以上將領開會，布置了大部正面突圍、小部隨司令部過江的撤退方案。但會後，唐生智又下令第八十七、第八十八師、第七十四軍及教導總隊等嫡系部隊可渡江的口頭指示，造成了部署的混亂。此後，大多數軍、師長未按照部署而自行開始撤退，甚至部分長官丟棄部隊獨自逃跑。大批中國軍隊及難民湧向下關渡江碼頭，造成了極大的擁堵和混亂。防守烏龍山要塞的第二軍團（轄第四十一師、第四十八師）

擅自撤退過江，造成日軍直撲下關碼頭。

〔3〕日軍攻佔南京市中華門、雨花臺。守軍自南京撤退，傷亡已達 5 萬人。長官部決定大部突圍，一部渡江撤退。但是，由於當時情況異常混亂，撤退命令無法下達。除廣東兩個軍由陸地南撤外，大部湧至江邊。晚九時唐生智等衛戍司令長官部人員在煤炭港乘輪渡江北撤。

〔4〕日軍擊沉美艦潘納號，炮轟英艦荣的巴德號。

12 月 13 日

〔1〕南京保衛戰接近尾聲。當日，南京衛戍司令長官唐生智、副司令長官羅卓英等順利渡江，第七十八軍和第三十六師隨後乘船渡江。廣東第六十六軍、第八十三軍主力在軍長葉肇、鄧龍光指揮下，按照原突圍計劃精神從正面突破日軍陣地，第一五九師代師長羅策群在激戰中陣亡。兩個軍被突圍過程中被打散，部隊各自為戰，分頭突出重圍。當日，其餘中國軍隊各部在混亂中進行撤退，其中自行通過下關碼頭渡江的大批部隊爭先搶渡。由於大部官兵無船可渡，一些官兵製造木筏渡江，在渡江過程中大批溺死或被日軍打死。第七十四軍因組織較好，成功渡過 5000 餘人，其餘部隊（主要包括德械精銳部隊的第八十七師、第八十八師、教導總隊第一○三師、第一一二師、第八十三軍一五六師及大批散兵）除少數渡江外，數萬未渡江官兵被日軍俘虜後屠殺。

〔2〕當日，日軍在南京開始大屠殺。此後，在日本華中派遣軍司令松井石根和第六師團長谷壽夫的指揮下，對中國軍民進行長過六周的姦淫搶掠和血腥大屠殺。展開滅絕人性的燒殺淫掠「大競賽」。日軍屠殺了放下武器的戰俘數萬人，平民 20 餘萬。據 1946 年遠東國際軍事法庭不完全統計，中國軍民被集體射殺、火燒及活埋者 19 萬人，被零星屠殺者 15 萬人，合計 34 萬人。

日軍大肆屠殺中國戰俘

12月14日

〔1〕日軍山田支隊佔領南京最後一個支撐點——幕府山，南京保衛戰宣告結束。同日，天谷支隊佔領揚州，第六師團佔領下關，國琦支隊佔領浦口，切斷了南京守軍的一切退路。被困於燕子磯、下關沿江及八卦洲、江心洲中未撤至江北的數萬中國官兵全部成爲俘虜。

〔2〕日本當局在北平組織新傀儡組織，成立「中華民國臨時政府」，其主要頭目爲王克敏、湯爾和，王揖唐‧董康、江朝宗、高凌蔚、齊燮元、朱深等。

〔3〕羅斯福直接向日皇裕仁抗議美炮艦「潘納」號被日艦炸沉事件，並要求充分賠償。

12月15日

〔1〕國民政府宣稱，南京之失陷，決不致影響中國抗戰之決心，並發表自 8 月至 11 月底間日機被擊落達 300 架之多。

〔2〕日本軍攻陷揚州。當天下午，日軍佔領東鄉灣頭。

〔3〕蘇聯新任駐華大使奧萊斯基抵漢口。

〔4〕日軍將中國軍警人員 2000 餘名，解赴漢中門外，用機槍掃射，焚屍滅迹。同日夜，又有市民和士兵 9000 餘人，被日軍押往海軍魚雷營，除 9 人逃出外，其餘全部被殺害。

12 月 16 日

〔1〕傍晚，中國士兵和難民 5000 餘人，被日軍押往中山碼頭江邊，先用機槍射死，拋屍江中，只有數人幸免。

12 月 17 日

〔1〕蔣介石在武漢發表《我軍退出南京告國民書》。

〔2〕全國抗日大同盟成立，總部設在漢口。

〔3〕日軍將從各處搜捕來的軍民和南京電廠工人 3000 餘人，在煤岸港至上元門江邊用機槍射斃，一部分用木柴燒死。

12 月 18 日

〔1〕日軍命令華北方面軍進攻山東。

〔2〕青島各港實行沉船封鎖。

〔3〕日軍將從南京逃出被拘囚於幕府山下的難民和被俘軍人 5.7 萬餘人，以鉛絲捆綁至下關草鞋峽，先用機槍掃射，復用刺刀亂戳，最後澆以煤油，縱火焚燒，殘餘骸骨投入長江。令人髮指者，是日軍少尉向井和野田在紫金山下進行「殺人比賽」。他們分別殺了 106 和 105 名中國人後，「比賽又在繼續進行」。

〔4〕在日軍進入南京後的一個月中，全城發生 2 萬起強姦、輪姦事件，無論少女或老婦，都難以幸免。許多婦女在被強姦之後又遭槍殺、毀屍，慘不忍睹。與此同時，日軍遇屋即燒，從中華門到內橋，從太平路到新街口以及夫子廟一帶繁華區域，大火連天，幾天不息。全市約有三分之一的建築物和財產化為灰燼。無數住宅、商店、機關、倉庫被搶劫一空。「劫後的南京，滿目荒涼」。

12月20日

〔1〕中國軍事當局徵集輪船 18 艘及大批帆船，沉塞馬當江面，成爲長江第二道封鎖線，阻敵艦上駛。長江下行輪船止於九江。

〔2〕英國政府任命卡爾爲駐華大使。

12月21日

〔1〕日本天皇批准日本內閣政府對華侵略新政策。

〔2〕日本首相廣田弘毅經德國駐日大使狄克遜，向中國提出「談和」條件。德國駐華大使陶德曼會見蔣介石，轉達日本議和條件：「（1）中國應放棄容共和抗日、滿政策，對日、滿兩國的防共給予協助；（2）在必要地區設置非武裝地帶，並在該地區內各個地方設置特殊機構；（3）在日、滿、華三國間，簽訂密切的經濟協定；（4）中國應向帝國作必要的賠款。」此外，還附帶有「口頭說明」和談判條件的細目。該條件實爲苛刻的最後通牒。

12月23日

〔1〕日軍第十師團在濟陽—青城之間強渡黃河。山東守軍第三集團軍總司令韓復榘，未作認眞抵抗就命令部隊全線撤退

〔2〕同日，由於日軍進陷餘杭，逼近杭州，中國軍隊奉蔣介石令自行炸毀錢塘江大橋。這是中國著名橋梁設計師茅以升第一座自行設計的現代化大橋——錢塘江大橋。剛剛於 1937 年 9 月 26 日竣工通車。這座歷經了 925 天夜以繼日的緊張施工，耗資 160 萬美元的現代化大橋，僅僅存在了 89 天。

錢塘江大橋在 1946 年重新修復

12 月 24 日

〔1〕中共山東膠東特委書記李琪領導膠東人民在文登縣天福山舉行起義，成立山東人民抗日救國第三軍第一大隊。自 11 月至翌年 3 月，山東各地人民舉行了 10 次較大的抗日武裝起義，開展游擊戰爭並建立根據地。

〔2〕杭州失陷，國軍退守錢塘江南岸。

12 月 25 日

〔1〕中國軍隊開始破壞膠濟鐵路路軌、橋梁，停止行車。

〔2〕日本外相廣田照覆美國，對炸沉「潘納」號軍艦，否認是預謀。

12 月 26 日

〔1〕日軍第十師團進攻濟南，韓復榘所部不戰而退，造成日軍迅速推進。

〔2〕駐山東青島的中國海軍第三艦隊不戰自沉。第三艦隊原爲東北系海軍，計有水上飛機母艦「鎮海」號，炮艦「永翔」號、「江利」號、「楚豫」

號和運輸艦「定海」號，驅逐艦「同安」號以及「海燕」號、「海鶴」號等艦。由於艦艇實力與日本海軍相去甚遠，第三艦隊方面認為不具備抵抗實力而全部自沉於青島和威海衛港內。

「鎮海」號是中國歷史上唯一一艘水上飛機母艦

12月27日

〔1〕秋、冬　東北抗日聯軍積極開展游擊戰爭，鉗制與打擊日偽軍，配合全國抗戰。

〔2〕日軍侵佔濟南，山東省主席韓復榘不戰而退，擅離濟南赴泰安，留第二十師守濟南。

12月28日

〔1〕侵華日軍總司令松井宣稱，日本將予中國改變態度之機會，並稱日軍有進攻漢口與重慶之必要。

12月30日

〔1〕青島當局實施焦土政策，全城大火，沈鴻烈市長勸市民走避。

12月31日

〔1〕日軍佔領濟南後，韓復榘率部不戰而逃。致使日軍陷泰安、濟寧，沿津浦路繼續南下，並調第五師團進入山東。

〔2〕侵略華東的日軍侵佔南京後，第十三師團北渡長江，進至安徽池河東岸的藕塘、明光一線；侵略華北的日軍從山東青城、濟陽間南渡黃河，佔領濟南後，進至濟寧、蒙陰、青島一線。日本大本營為打通津浦鐵路使南北戰場聯成一片，先後調集8個師另3個旅、2個支隊（相當於旅）約24萬人，分別由華中派遣軍司令官畑俊六和華北方面軍司令官寺內壽一指揮，實行南北對進，企圖攻佔華東戰略要地徐州，然後沿隴海鐵路西取鄭州，再沿平漢鐵路南奪武漢。中國軍隊由第五戰區司令長官李宗仁指揮，先後調集64個師另3個旅約60萬人，以主力集中於徐州以北地區，抗擊北線日軍南下。一部兵力部署於津浦鐵路南段，阻止南線日軍北進，以確保徐州。

第三章 1938年：臺兒莊大捷 武漢保衛戰 失陷廣州

1938年1月 日軍南北夾擊徐州

1月1日

〔1〕國民政府為完成戰時行政機構，今日實行改組，蔣介石辭行政院長兼職，由孔祥熙、張群繼任正副院長，實業部改為經濟部，並將鐵道部併入交通部，海軍部併入軍政部，國防參議委員由原額30人增為75人。

〔2〕日軍陸戰隊200餘人於1月26日登陸澳門對面之橫琴島，經葡萄牙之交涉，今日撤離。

〔3〕北平偽組織諸逆就職，高凌蔚任偽河北省省長。

〔4〕駐守漳州、廈門的第一五七師調離，支持廣東軍務，由第七十五師接防。廈門警備司令由其副師長韓文英擔任，該師第四四五團擔任廈門防務。

1月2日

〔1〕第三集團軍總司令兼山東省政府主席韓復榘部一再擅自撤退，放棄要地大汶口。

1月4日

〔1〕八路軍收復紫荊關。

〔2〕曲阜、兗州陷落。日軍從津浦路南、北兩方面夾擊徐州，我大軍雲

集徐州左右，準備與南犯日軍作一次大會戰。

〔3〕日軍第十三師團過江北上佔領明光，經我劉士毅三十一軍奮戰隨即攻克。我右翼軍由定遠之河池進擊，克服大柳。

〔4〕日軍飛機空襲漢口、漢陽，投彈 70 餘枚，中國空軍擊落日機 1 架。

1月5日

〔1〕津浦線兩端日軍，分向徐州推進。兗州日軍向濟寧進犯，遭我軍猛烈抵抗後失陷。

〔2〕倫敦英國「中國委員會」昨晚向英國民眾發表宣言，要求共同抵制日貨，對於日本破壞遠東文化，加以極嚴厲的遣責。

〔3〕法國總工會通過決議案，主張抵制日貨。

〔4〕英、美、法、德等國學者羅素、杜威、羅曼羅蘭、愛因斯坦等發起援華抗日運動。

〔5〕蘇聯志願航空隊百餘人抵武漢，加入中國空軍作戰。

1月6日

〔1〕新四軍軍部在江西南昌成立，下轄 4 個支隊和 1 個特務營，全軍共 1.03 萬餘人。中共中央東南分局同時成立，項英任書記。

〔2〕日機 38 架襲擊武漢，投彈 40 餘枚，死傷平民百餘人。日機 3 架被我擊落。

〔3〕川軍孫震第四十一軍、陳鼎勳第四十五軍由山西前線調來第五戰區，自徐州北上應援。北進部隊已近泗水橋。

1月7日

〔1〕李宗仁將軍動員蘇、魯、皖青年參加學生軍團，報名已逾二千人

〔2〕日軍已陷鄒縣，第十師團、第一○六師團準備向藤縣推進。

〔3〕日來盛傳北平偽組織將由曹錕或吳佩孚出任大總統。《華美晚報》記者探悉曹錕以年老力衰辭之。吳則表示：㈠日軍需撤退至關外；㈡須由彼訓練新軍 50 萬；㈢不能干涉一切政治軍事之行動。日方認為條件太苛刻，故亦無法拉攏。

1月8日

〔1〕徐州附近我國抗日軍隊積聚已逾十萬，各路配合準備迎擊日寇。

〔2〕周恩來發表《怎樣進行持久戰》一文，闡述持久戰的思想。指出：
「只有持久抗戰，才能爭取最後勝利，這是抗戰五個月最主要的教訓！」

〔3〕蔣介石在漢口召集重要軍事會議，決定變更抗戰策略，改守爲攻，
白崇禧、閻錫山、宋哲元、陳誠等均挾策返前線指揮。

〔4〕白求恩率加拿大、美國醫療隊起程，取道香港，乘飛機到達武漢。

〔5〕日軍編成駐蒙兵團。日軍佔領「蒙疆地區」後，爲了把關東軍所屬
的部隊迅速調回「滿洲」以擔負對蘇防禦和對付我東北抗日聯軍。

1月9日

〔1〕津浦南段日軍萬餘在滁州集中，準備北上。

1月10日

〔1〕晉察冀邊區軍政民代表大會在阜平開幕。

〔2〕我滁州沙河集、張八嶺一帶民眾組成游擊隊聯合抗擊日寇，光復全
椒縣。

〔3〕青島市淪陷。日軍在登陸前對平民區狂轟亂炸，東鎮、西鎮、李村、
夏莊損失慘重。

1月11日

〔1〕中共機關報《新華日報》在漢口正式出版，潘梓年任社長。

〔2〕第五戰區副司令長官、山東省主席韓復榘，因棄守國土，在開封被
拿交軍法執行總監審訊。

1月13日

〔1〕第三集團軍克復濟寧，予日軍重創。

〔2〕山東愛國將領聊城專員范築先率眾轉戰於清平、茌平、聊城等地，
抗擊日寇。

1月14日

〔1〕津浦北線東側蒙陰、黃縣，西側嘉祥發現敵蹤，我軍在警戒中。正
面二十二集團軍由滕縣出發向北進攻，總司令鄧錫侯親臨前線指揮，攻克鄒
縣。

〔2〕津浦路南線敵軍攻陷巢縣。

1月15日

〔1〕日本在朝鮮實行志願兵制。

〔2〕晉察冀邊區臨時行政委員會成立。

1月16日

〔1〕日本近衛內閣發表對華政策聲明，宣稱：「帝國政府今後不以國民政府爲對手，而期望眞能與帝國合作的中國新政權的建立與發展，並將此新政權調整兩國邦交」，意欲以此迫使國民政府投降。

〔2〕東北抗聯第二路軍成立，所屬第四、第五軍主力西征。

1月17日

〔1〕中國國民政府改組軍事委員會，重新任命委員爲閻錫山、馮玉祥、李宗仁、程潛、陳紹寬、李濟深、宋哲元、熊式輝、衛立煌、萬福麟，同時規定參謀總長、副參謀總長、軍令部部長、軍政部部長、軍訓部部長、政治部部長及軍事參議院院長爲當然委員。中國軍事委員會改組，設軍令、軍政、軍訓、政治四部，（航空委員會、後方勤務部及辦公廳仍舊）。蔣介石任軍事委員會委員長，何應欽任總參謀長，設六個戰區：第一戰區以程潛爲司令長官，轄平漢沿線；第二戰區，以閻錫山爲司令長官，轄晉綏地區；第三戰區，以顧祝同爲司令長官，轄蘇浙皖贛地區；第四戰區以何應欽兼司令長官，余漢謀副之，轄兩廣地區；第五戰區，以李宗仁爲司令長官，轄津浦沿線；第八戰區以蔣介石兼司令長官，朱紹良副之，轄甘肅、青海兩省。同時以陳誠爲武漢衛戍總司令，蔣鼎文爲西安行營主任，陳儀爲閩省綏靖公署主任。

〔2〕蔣介石在作戰會議上，向第一、第五戰區高級軍官闡述了以武漢爲防禦核心的現階段新作戰方針。

〔3〕山東敵軍分三路進攻南侵。一路企圖直取徐州；一路沿臺濰公路犯臺兒莊；一路由濟寧攻商丘，意在切斷隴海路。

〔4〕我第二十二集團軍與日軍激戰在鄒縣與兩下店間。兩下店位於藤縣與鄒縣之間，爲兵家爭奪之地。敵軍並攻陷汶上。

1 月 18 日

〔1〕鄧小平接替張浩任八路軍一二九師政委。

〔2〕國民政府發表：「維護領土主權及行政完整聲明」，重申抗日自衛立場，保障領土主權完整。

〔3〕津浦路南段和淮河防禦戰開始。第三十一軍沿津浦路抵抗來犯進攻徐州的日軍，是日明光失陷。

1 月 19 日

〔1〕北平愛國志士炸日本領事館，傷漢奸及日方要員多人。

〔2〕日軍南北兩面向徐州進攻。地點北面在兩下店，南面在蚌埠南。

〔3〕中國國民政府針對日本政府聲明發表了《維護領土主權及行政完整的聲明》：「中國政府於任何情形之下，必竭全力以維持中國領土主權與行政之完整，任何恢復和平辦法，如不以此原則為基礎，決非中國所能忍受；同時在日軍佔領區內，如有任何非法組織潛竊政權者，不論對內對外，當然絕對無效。」

1 月 20 日

〔1〕周恩來在武漢會見白求恩。白求恩於 3 月底到達延安。

1 月 22 日

〔1〕日本外相廣田在議會發表對華議和四原則：㈠中國政府須放棄聯共以抵抗日本及「滿洲國」之政策，而與日、滿合作；㈡規定解除軍備之區域，並在非戰區成立特殊管理；㈢議定中、日、滿經濟合作的協定；㈣中國向日本交付賠款。

1 月 23 日

〔1〕國際反侵略運動大會中國分會在漢口成立，陳銘樞為主席，宋慶齡、蔡元培、毛澤東、馮玉樣等 72 人為名譽主席，邵力子、郭沫若、周恩來等 139 人為理事。

〔2〕英國官方表示：維護中國海關現行制度。

〔3〕青島敵軍出高密，企圖南犯諸城。

1月24日

〔1〕軍事法庭以「失地誤國」罪，判處韓復榘死刑，當日於漢口執行。

1月26日

〔1〕日軍第十三師團向安徽鳳陽、蚌埠進攻。守軍十一集團軍韋雲淞第三十一軍在池河西岸地區逐次抵抗後，向定遠、鳳陽以西撤退。

1月27日

〔1〕偽冀東自治政府與偽北平臨時政府合併。

〔2〕蘇、日宣佈斷絕郵政。

〔3〕龐炳勳第四十軍會同山東抗日游擊隊張里元部攻克津浦線東側蒙陰。

1月28日

〔1〕八路軍總部炮兵團在山西臨汾成立，武亭為團長。

1月30日

〔1〕津浦南線日軍突破淮河，定遠、河池、明光相繼失守。明光、池河之戰共七天，工事禁燬，我軍傷亡五、六千人，戰鬥十分激烈，退守池河西岸。

〔2〕蔣介石致函羅斯福，希望美國在經濟與物質上，能予中國以有效的援助。

1938 年 2 月　津浦南北線繼續激戰

2月1日

〔1〕朱德在武漢《新華日報》上發表「八路軍半年來抗戰的經驗教訓」一文，強調指出，開展游擊戰爭，發動民眾，發展統一戰線的重要性。

〔2〕敵陷蚌埠，我軍退守淮河北岸。

2月3日

〔1〕北平、上海日本使館，通告各國駐華使節，將大舉轟炸各國在華企業、事業單位及工廠等。

〔2〕日軍第五師團再陷蒙陰。

〔3〕李宗仁慰勞第二十二集團軍，表揚作戰勇敢，軍紀優良。

〔4〕我空軍出動飛機轟炸明光、滁縣敵軍。

〔5〕日軍先後攻佔臨淮關、蚌埠。

2月4日

〔1〕八路軍第一二○師第三五九旅在晉北崞縣、原平間襲擊日軍獲勝，收復平社、高村、原平等車站。

〔2〕八路軍總部連續發出破襲同蒲、平漢、正太等鐵路和邯（鄲）長（治）公路的作戰命令。各部廣泛展開破襲戰，有效地鉗制和打擊敵人，支持了正面戰場作戰。

〔3〕張自忠第五十九軍調津浦路南段增援蚌埠戰場。

〔4〕青島、高密敵軍南下陷諸城。沈鴻烈海軍陸戰隊退走沂水。

2月5日

〔1〕日本內閣與大本營聯席會議決定：（1）對華繼續作戰；（2）在上海、華北兩地設立國營機構，從事經濟復興。

2月6日

〔1〕國民政府軍事委員會政治部成立，陳誠任部長，周恩來、黃琪翔副之，張歷生為秘書長，賀衷寒、康澤、郭沫若分任一、二、三廳廳長。

〔2〕第二十一集團軍奉第五戰區司令長官李宗仁之命，由浙西經南昌、九江、宿松、桐城一線，該日到達合肥，參加津浦路南段防禦戰。9日，該集團軍分兩路出擊津浦路南段日軍，第七軍由定遠經紅心鋪進擊鐵路線，第四十八軍和第十一集團軍的第三十一軍協同進攻鳳陽縣的劉府、考城鎮和蚌埠日軍。激戰之後，殲敵1000餘人，擊毀裝甲車10餘輛，一度收復鳳陽，迫使已達淮河北岸之日罕大部退回南岸。此後津浦路南段防禦戰暫成對峙勢態。

〔3〕徐州會戰前期的魯南反擊戰打響。中國第五戰區為防止北線日軍在南線激戰時趁機南下，採取以攻為守的戰術，於2月6日命令第三集團軍向濟寧、第二十二集團軍向鄒縣、第三軍團向蒙陰發動攻勢。各部隊分別進行了反擊準備。

2月7日

〔1〕中國駐日使領館全部停止辦公。

〔2〕中蘇簽訂《中蘇軍事航空協定》。截至1939年底，蘇聯向中國派出志願空軍飛行員計5個大隊2000人和1000餘架飛機，直接支持中國抗戰。

2月8日

〔1〕日機30餘架空襲武漢。10餘艘日軍艦進犯廈門。

2月9日

〔1〕晉察冀軍區八路軍分七路夜襲平漢路日軍，一度攻佔定縣、望都、新樂及清風店，破壞鐵路20餘里。晉西北第一二〇師攻佔交城。

2月10日

〔1〕中國第五戰區部隊第三集團軍推進至運河西岸，開始反攻濟寧日軍據點。津浦路北段戰局穩定。

〔2〕日軍第十三師團主力分別在蚌埠、臨淮關強渡淮河，向北岸發起進攻。12日向澥河、澮河方向撤退。于學忠第五十一軍聯合地方武裝在定遠、懷遠、小蚌埠一帶激戰，日軍出動飛機轟炸。次日，我空軍亦出動飛機轟炸北渡淮河之敵，及蚌埠機場。

2月12日

〔1〕濟寧反擊戰打響。中國第三集團軍第二十二師以第六十四旅為主攻部隊，向日軍控制的濟寧發起進攻。日軍部隊為第二軍第十師團第八旅團第三十九聯隊主力。當日，中國軍隊突入城內，與日軍展開激烈巷戰和肉搏戰，但突入城內部隊被日軍切斷與外部聯繫。雙方激戰至14日拂曉，突入城內的部隊約9個連全部犧牲，城外第六十四旅殘部在第六十六旅掩護下撤退。此外，進攻汶上的第八十一師也因傷亡慘重而撤退。

2月13日

〔1〕張自忠率第五十九軍抵達淮河流域，部署在瓦瞳集、姚集、固鎮、蒙城一線，接替第五十一軍戰鬥。同時，在淮河南岸，以第二十一集團軍第四十八軍固守（安徽）爐橋地區，第七軍協同第三十一軍迂迴攻擊定遠日軍側後，迫日軍第十三師團主力由淮河北岸回援。第五十九、第五十一軍乘勢

反攻，至 3 月初恢復淮河以北全部陣地。第二十一集團軍和第三十一軍旋由淮河南岸向北岸集中。雙方隔河對峙。

〔2〕日軍二次向平遙進犯。高桂滋第十七軍第五〇一團騎兵營及自衛隊迎戰。敵我力量懸殊，我軍傷亡殆盡，敵攻入城內。

2月14日

〔1〕日軍飛機狂炸鄭州。敵機十二架十四日午由安陽過新鄉飛鄭州狂炸，皆爲重轟炸機。投彈、掃射，連續不斷達二小時之久，計投彈一百餘枚，我防空部隊密集射擊，炸彈聲機槍聲高射炮聲極爲稠密，全城房屋皆大震動，至一時許敵機始去。查明死傷者，約一百五六十人，房屋倒塌五六百間。

〔2〕國際反侵略大會（出席會議有 20 個國家代表），通過「斥責日本之侵略危及世界和平」之決議案。

〔3〕津浦北線正面我軍與當地民團反攻兩下店。津浦北段敵之司令官爲師團長磯谷，駐鄒縣，現分三路向南進犯，主力在正面。今早二時，敵我在兩下店附近一度激戰。敵左翼在香城，右翼在石牆，刻鄒縣方面敵增至四五千人。十四日早，敵又有三千餘人，裝甲汽車百餘輛，野炮二門，分向鄒縣、曲阜增加援兵。敵騎兵百餘人十三日由臨朐到蔣峪北苗谷一帶，被我民軍包圍，正激戰中。泗水城內有敵三百餘人，將機槍及彈藥均移於城上。曲阜以南九龍山十四日下午兩時已被我二十二集團軍迂迴作戰之部隊克復。九龍山西側大雪村、小雪村有敵裝甲汽車百餘輛，被我截獲甚多，敵少將中島榮吉被我軍擊斃。

〔4〕我軍爲積極阻止日軍由平漢線南犯，將豫北平漢路三十五英里長之路軌全行破壞，並將安陽以南之水堤決潰。平漢前線戰事仍甚激烈，我由汲縣（衛輝）向前推進，現與敵在汲縣以北附近血戰中，滑縣道口（道清鐵路起點）電話今晚不通。

2月15日

〔1〕濟寧之敵，經我孫桐萱第十二軍、曹福林第五十五軍、谷良民第五十六軍進擊後，我劉耀庭部便衣隊於十三日夜衝入城內與敵巷戰甚烈。劉部以寡不敵眾，十四日仍退出城外。晚間我谷軍攻進濟寧北關，曹、李兩軍攻進南關，子夜開始扒城，與敵劇烈激戰中。汶上方面，敵我仍在城內巷戰，敵續由濟寧附近及寧陽數次增援，並以飛機反覆轟炸，我軍傷亡官兵達六七

百人，但氣不少餒，迄十五日早一時仍與敵在血戰中。又我展書堂八十一師在汶上城南之辛莊與敵赴援之步騎兵七八百人遭遇，現激戰甚烈。

〔2〕滕縣城內的紳士柳厚山75歲，黃馥堂70歲，兩人都奮身而出，隨同川軍政治工作人員到鄉下宣傳抗日救國。滕縣的青年紛紛起來，加入到縣動員委員會作宣傳員。縣城東北90里的城前鎮民眾，爲歡迎川軍沿途殺豬宰羊歡迎。

〔3〕山西日軍佔領介休城。我郭宗汾第七十一師魏振古營經與在北徐日軍激戰後退向西山，文水縣城被日軍佔領。

2月16日

〔1〕日軍陷新鄉，分兵沿道清鐵路西侵。

〔2〕日軍侵犯嶧山被擊退。

〔3〕山東聊城專員范築先率民軍抗擊日寇，交戰二十餘次，不但保全第六專區十二個縣，還收復了高唐、恩城。

〔4〕我軍攻克小蚌埠，敵萬餘名傷亡三千，向淮河南岸撤退。

〔5〕日軍出兵平遙，在尚家莊與晉綏軍一個營遭遇激戰。

〔6〕晉東南日軍向黎城東陽關、廠址進攻，我自四川來晉的四十七軍奮起抵抗，敵被迫撤至絳縣、曲沃。向晉城天牛關進攻的日軍，有萬福麟第五十三軍一個營在此抵抗。

2月17日

〔1〕衛立煌任命爲第二戰區副司令長官。

〔2〕日軍佔領孝義、汾陽。

2月18日

〔1〕武漢「2.18」空戰爆發。當日，日本海軍飛機38架（九六陸攻12架，新型九六艦戰26架機）空襲武漢。中國空軍第四大隊大隊長李桂丹在蘇聯空軍志願隊協同下，率領下屬三個中隊（共19架伊-15雙翼戰鬥機和10架伊16單翼戰鬥機），同日機展開激戰。中國空軍在空戰中共擊落日機11架，中國損失5架，日軍空襲編隊指揮官金子隆司被擊落身亡。大隊長李桂丹上尉、飛行中隊長呂基淳上尉、飛行員巴清正少尉、王怡少尉和李鵬翔中尉等五人均爲國光榮捐軀。2.18空戰是南京失守後中國空軍取得的首次重大勝利，

極大地鼓舞了軍心和民心。

〔2〕八路軍第一一五師主力開創晉西南抗日根據地。晉西北軍民粉碎日軍首次圍攻。

2 月 19 日

〔1〕十八集團軍總部東移安澤。彭德懷抵沁水指揮作戰。

〔2〕日軍攻佔新鄉後，為阻止日軍南下，新編第八師於 19 日拆毀鄭州黃河鐵路橋。

2 月 20 日

〔1〕日軍在開封以北強渡黃河，開封今日可聞到炮聲。

〔2〕守軍李家鈺第四十七軍一個團與日軍第一○八師團在長治巷戰，全團犧牲。

〔3〕德國承認偽滿洲國。

〔4〕義軍領袖張育之率領義軍三千，攻克六合縣城。

〔5〕日軍進犯山西隰縣，晉綏第十九軍第七十師二○五旅在川口抵抗，旅長趙錫章犧牲。日軍佔領隰縣後退出，第六十八師一個團重新佔領。

〔6〕為掩護第二戰區司令長官部轉移，六十六師一個團在吉縣人祖山阻擊日軍。

2 月 22 日

〔1〕平漢線日軍改變向開封、鄭州作正面攻擊，而由新鄉向西作側面攻擊，中國軍隊與日軍在道清路上要點焦作激戰。我軍在孟縣集結重兵，以阻日軍渡河。晉中石口鎮、雙池鎮失陷。

2 月 23 日

〔1〕中國空軍蘇聯援華志願航空隊遠程突襲位於臺灣的日軍松山機場。當日時值蘇聯紅軍節，蘇聯援華志願航空隊 28 架 SB-2 型輕型轟炸機從漢口起飛，在帕維爾·瓦西里耶維奇·雷恰戈夫指揮下，以 5500 米的飛行高度長途飛抵臺北上空，並向松山機場投擲了 280 枚炸彈。當場炸毀日機 12 架、營房十棟、機庫三座，還焚毀大批軍用物資，使日軍機場陷入癱瘓。

〔2〕日軍進攻平遙，遇八十四師高建白旅的抵抗。

2月24日

〔1〕國民政府外交部爲德國承認僞滿洲國，向德政府提出抗議。

〔2〕前天日軍所佔領晉北的神池縣，今天被第三十五軍收復。

2月25日

〔1〕日機今晨以 59 架空襲南昌，中國空軍起飛截擊，擊落日機 8 架。

〔2〕日本內閣通過關於擴大侵華戰爭之日金 48 億 5 千萬日元的特別預算，日本天皇亦加批准。

2月27日

〔1〕國軍收復山東沂水、莒縣。第五戰區游擊司令劉震東在沂水戰役中，身先士卒，不幸犧牲。

2月28日

〔1〕第三集團軍第十二軍、五十五軍在津浦線西側嘉祥奮勇抗戰，魯西轉危爲安，備受嘉獎。敵又向巨野進犯，企圖偷渡南陽湖。

1938 年 3 月　臺兒莊會戰開始

3月1日

〔1〕中國農工民主黨在武漢召開第三次臨時全國代表大會。通過抗戰時期的政治主張，選舉章伯鈞、彭澤民、朱蘊山、方振武等 25 人爲委員。

〔2〕蘇聯同中國訂約，在反對日本侵略的鬥爭中向中國提供貸款和軍事援助。

3月2日

〔1〕日軍沿黃河北岸西犯，佔據垣曲，續向運城推進。宋哲元率部在運城抵禦。

〔2〕中國政府與蘇聯政府在莫斯科簽訂《關於使用 5000 萬美元貸款之協定》。

〔3〕晉北昨日日軍佔領晉北河曲，今又佔領五寨。

3月3日

〔1〕我軍為增強抗戰力量，調整各部指揮官：李宗仁仍指揮津浦線戰爭；
皖中由李品仙率桂軍防守；第一軍團司令胡宗南率中央軍十六師防守豫陝邊
區；湯恩伯指揮平漢路軍隊；衛立煌協助閻錫山在山西作戰。

〔2〕臨沂以北敵第五師團攜坦克、平射炮突攻右翼，向我龐炳勳第四十
軍進攻。雙方展開激戰。

〔3〕自上月 25 日以來，十日間，日軍在晉西連陷中陽、離石、隰縣、
趙城、洪洞、靈石、霍縣、石樓、臨汾、汾城、曲沃、安邑等十二城。

3 月 4 日

〔1〕第一戰區我軍在鄭州北渡黃河，向平漢路疾進，克復新鄉、衛輝。
同日，日機兩次猛襲鄭州，被我高射炮兵擊落 6 架。

3 月 6 日

〔1〕以馮玉祥為會長的中華基督教聯合會成立。

〔2〕毛澤東電示八路軍第一二〇師，集中主力攻擊日軍一路，打破其對
晉西北根據地的圍攻。

〔3〕廖磊第二十一集團軍向定遠反攻，張自忠部因徐州吃緊北調，支持
于學忠部守衛淮河一線。

3 月 7 日

〔1〕日軍集結晉南，擬分五路渡黃河，我軍將風陵渡封閉，以阻日軍前
進。

〔2〕晉綏第十九軍六十九師驅逐鄉寧、大寧日軍。

3 月 8 日

〔1〕晉綏軍陳長捷六十一軍第七十二師二一七旅進駐吉縣城。

〔2〕日機多次出動飛機轟炸鄭州。3 月 8 日，日軍出動飛機 12 架，對火
車站附近投彈數十枚，炸毀房屋數十間，死傷居民多人。當日下午 5 時，鄭
州各界婦女 3000 多人在隴海大禮堂集會，紀念「三八」國際勞動婦女節，會
後舉行了「排燈遊行」示威。

3 月 9 日

〔1〕日軍向臨沂、滕縣推進，我軍調動軍隊應戰。駐亳縣的湯恩伯軍團

向北馳援，張自忠部經滕縣向臨沂前進，孫桐萱第三集團軍側擊兗州，以為策應。臺兒莊會戰迫在眉睫，一觸即發。

3月10日

〔1〕八路軍總部由沁縣移至武鄉。

3月11日

〔1〕我第二十一集團軍收復臨淮關。

3月12日

〔1〕張自忠部增援臨沂，與龐炳勳部協力反攻，日軍板垣第五師團有兩個聯隊全部被殲。

中國軍隊在臨沂阻擊進犯的日軍

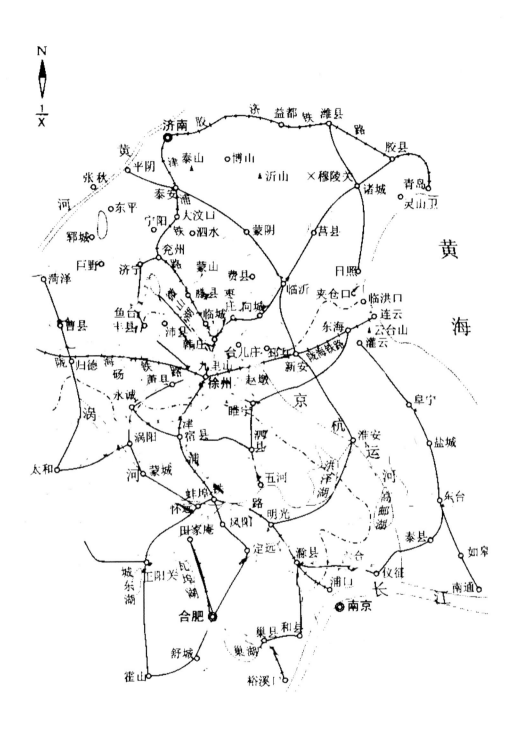

徐州會戰形勢圖

3月14日

〔1〕今日中華全國文藝界抗敵協會在漢口開幕，27日閉幕。會議通過中華全國文藝界抗敵協會宣言，選舉郭沫若、茅盾、老舍等45人為理事。周恩來、孫科、陳立夫為名譽理事。

〔2〕臺兒莊戰役打響。當日，日軍瀨谷啓支隊以第十師團第三十三步兵旅團為主力，加強野戰重炮兵第一旅團及兩個獨立輕戰車中隊等向騰縣以北的中國第二十二集團軍（兩個軍四個師）一線陣地發起進攻。中國第一二二師師長王銘章作為第四十軍前方總指揮，坐鎮騰縣統一指揮第一二二、一二四師部隊。中國守軍儘管傷亡重大，但是通過頑強抗擊在當日堅守住了主要陣地。

〔3〕同日，板垣第五師團約五千人向臨沂攻擊。臨沂反攻戰鬥打響。當日，中國第五十九軍（軍長張自忠）與第四十軍（軍長龐炳勳）向日軍第五師團（師團長坂垣征四郎）發起合擊。中國軍隊第四十軍奉命佯退，至晚迂迴敵後。第五十九軍暗渡沂河，相抵猛攻，經短兵相接，殺敵甚眾。收復徐家太平、相公莊。以重大代價重創日軍第五師團，擊斃日軍第十一聯隊聯隊長長野佐一郎大佐、第三大隊大隊長牟田中佐等多名軍官，迫使日軍縮短戰線向後撤退。臨沂地區的戰鬥阻止了日軍對臨沂的攻勢，有力的配合了臺兒莊方面的作戰。戰鬥中，我軍傷亡達1萬餘人，日軍第五師團傷亡3000餘人。

3月15日

〔1〕日軍瀨谷支隊在騰縣以北地區加強攻勢。當日，日軍分三路相繼突破騰縣以北的中國守軍陣地，中國第四十一軍前方總指揮王銘章急調後備部隊建立第二道防線，導致騰縣城內守備力量空虛。但騰縣以北陣地中國軍隊傷亡巨大，日軍於黃昏時分突破界河陣地，部分守軍潰退。當日夜晚，守衛騰縣部隊儘管番號眾多，但實際兵力僅3000餘人。

3月16日

〔1〕神頭嶺戰鬥打響。八路軍第一二九師在劉伯承等指揮下，吸引潞城日軍出援，並以第三八六旅（旅長陳賡）在神頭嶺設伏。當日上午9時30分，日軍一〇八師團步騎兵1000餘人從潞城向黎城增援途中進入八路軍伏擊圈。戰至11時30分，除百餘名日軍竄回潞城外，其餘全部被殲。整個戰役中共斃傷日軍近千人，俘虜13人，繳獲長短槍550餘支，騾馬600餘匹。八路軍一

二九師傷亡 240 餘人。

〔2〕湯恩伯軍團王仲廉第八十五軍向滕縣東北攻擊前進。

〔3〕日軍瀨谷支隊開始攻擊滕縣。當日，滕縣守軍王銘章和城防司令張宣武的指揮下進行了頑強的抵抗。日軍在猛烈炮火支持下於白晝連續向城關發動數次攻勢，但均被擊退。至黃昏時分，經過激烈肉搏，日軍在東關突入一個小隊，守軍在夜間發起反衝擊將其殲滅。當日午夜，原防守城外的第三七〇旅、三七二旅殘部及七二七團兩個營先後撤入城中。防守城北的第四十五軍各部則在陣地被突破後向微山湖等地潰退。

3 月 17 日

〔1〕八路軍三四三旅打響午城戰役。當日，八路軍六八五、六八六團在午城地區伏擊日軍輜重部隊，擊斃日軍 200 餘人，殘敵逃入午城並被包圍。當日夜，八路軍以一個加強營襲入午城，殲滅日軍 50 餘人，輜重部隊的 60 餘輛汽車幾乎全被擊毀。次日，進佔臨汾的日軍第一〇八師團出動 600 餘名步兵、200 餘名騎兵和一個炮兵中隊增援午城，途中被六八五、六八六團包圍，激戰至 19 日拂曉，日軍大部被殲。此戰，八路軍共殲滅日軍 1000 餘人，焚毀汽車 60 餘輛，繳獲騾馬 200 餘匹及大批軍用物資，八路軍傷亡 500 餘人。

〔2〕臨沂我軍大舉反攻東張屯、柳河、大家莊之敵。次日，我軍大捷。斃敵日軍聯隊長長野中佐。第五師團被我第五十九軍擊潰。

〔3〕日軍瀨谷支隊向滕縣發起更猛烈進攻。當日，日軍以 150 毫米重炮在滕縣城南直接攻擊城牆，造成城牆守軍大部陣亡。激戰至下午，日軍從城牆坍塌處攻入城內，並迅速向東、西城牆擴大戰果。滕縣守軍逐漸被壓縮至城內，一二二師師長王銘章在城中十字路口直接指揮殘部進行巷戰。但守軍在日軍強大火力下傷亡重大，逐漸失去指揮，王銘章在戰鬥中中彈殉國。城中守軍殘部仍人自為戰，逐屋抗擊，日軍於 18 日中午才完全佔領滕縣城。中國國民政府後追贈王銘章為陸軍上將。

〔4〕瀨谷支隊第六十三聯隊向官橋發動進攻。湯恩伯第二十九軍團第八十五軍（軍長王仲廉）經過戰鬥後撤，日軍佔領官橋及臨城。

在滕縣保衛戰中殉國的王銘章將軍

3月18日

〔1〕崇明島地處長江入海口，位置險要。日軍在5架飛機的掩護下，從海橋港登陸後，日軍侵佔崇明島。

〔2〕日軍瀨谷支隊完全佔領滕縣，並以第六十三聯隊兩個大隊分別向棗莊南部的韓莊及嶧縣追擊，並於19日佔領韓莊、嶧縣。

3月19日

〔1〕八路軍一二九師政治部主任宋任窮率騎兵團到河北，開展平原游擊戰。

3月20日

〔1〕晉西戰場中日雙方在蒲縣、吉縣、鄉寧、離石各縣爭奪。至下旬，陳長捷六十一軍經過激烈戰鬥，已經收復以上四縣。

〔2〕晉東南日軍佔領沁源。

3 月 21 日

〔1〕第二十二集團軍收復韓莊、臨城、利國驛。我軍分三路包抄，敵潰走，繳獲坦克十三輛。

3 月 22 日

〔1〕孫連仲第二集團軍包括田鎮南第三十軍、馮安邦第四十二軍、吳鵬舉獨立四十四旅由河南到達津浦線北段與敵隔運河相持。第三十軍王烈武、王郁彬兩個團進駐臺兒莊。敵人開始炮轟。

〔2〕湯恩伯軍團自臺兒莊渡河北進，津浦南段中國軍隊克張八嶺、沙河集。

3 月 23 日

〔1〕臺兒莊戰役當日，日軍第十師團瀨谷支隊以第六十三聯隊第二大隊配屬 1 個野炮大隊，作為「臺兒莊派遣隊」，由嶧縣出發，意圖進佔並確保臺兒莊附近地區。同日，孫連仲第二集團軍第三十軍第三十一師師長池峰城命令該師一個團向嶧縣攻擊前進，以牽制正面日軍。中日兩支部隊在獐山遭遇。日軍「臺兒莊派遣隊」擊敗中國軍隊後佔領臺兒莊以北的北洛。

3 月 24 日

〔1〕中國空軍為支持湯恩伯第二十軍團的進攻作戰，以轟炸機 14 架轟炸韓莊、臨城及棗莊日軍。但第二十軍團未按計劃發起進攻，僅第五十二軍（軍長關麟徵）抵達進攻出發線。

〔2〕蔣介石抵達徐州由李宗仁陪同巡視前方戰場，並將隨行的副參謀總長白崇禧、軍令部次長林蔚等留第五戰區協助李宗仁策劃作戰。同時，令第二集團軍第三十一師（師長池峰城）轉為防守臺兒莊，並贈調炮七團一個野炮營（75 毫米野炮 10 門）、機械化野戰重炮兵 1 個連（德制 150 毫米榴彈炮 2 門）及鐵甲車第三中隊配屬第三十一師，並將三十一師歸建第二集團軍，並由該集團軍司令孫連仲統一指揮臺兒莊作戰。孫連仲當日將其第二十七師推進至臺兒莊附近，作為第三十一師後盾。

〔3〕同日，日軍「臺兒莊派遣隊」第十師團瀨谷支隊一個步兵大隊配屬一個炮兵大隊繼續向臺兒莊推進，於黃昏時分進抵臺兒莊附近。日軍以炮火擊毀東北城牆，一度突入城內，在第三十一師不斷反擊下敗退城外。日軍被

迫構築工事，並向瀨谷支隊主力求援。

〔4〕同日，日軍瀨谷支隊以第十聯隊第二大隊爲基幹組成「沂州支隊」，從臨城出發向沂州推進，以策應第五師團阪本支隊作戰。其一個中隊於當晚抵達郭里集。我湯恩伯部與日軍千餘人在棗莊東郭里集一帶交戰。

〔5〕敵分三路反攻臨沂，第四十軍嚴屬防守。

中國軍隊開赴臺兒莊前線

〔6〕第二戰區東路軍正副指揮朱德、彭德懷，在山西沁縣主持召開了國共兩黨軍隊高級將領軍事會議。會議討論了有關粉碎日軍「九路圍攻」的問題。

3月25日

〔1〕中國五十二軍（軍長關麟徵）第二十五師第七十五旅一部在郭里集與日軍沂州支隊先遣中隊遭遇，第五十二軍部隊隨即將日軍包圍，該日軍中隊大部被殲。沂州支隊的增援部隊也被第二十五師擊退。而本應出擊的湯恩伯率第八十五軍主力在抱犢崮按兵不動，僅派出一個旅協同第五十二軍作戰，而該旅僅派出一個團、該團又派出幾個排配合第五十二軍第二師在棗莊

外圍進行了襲擾性攻擊。

〔2〕同日，日軍第十師團瀨谷支隊由於在棗莊、郭里集遭到第五十二軍攻擊，支隊主力準備在郭里集「進行決戰」，僅派出兩個步兵中隊配屬 2 門重炮南下增援「臺兒莊派遣隊」（一個步兵大隊配屬一個重炮兵大隊）。

3 月 26 日

〔1〕進攻臺兒莊日軍（瀨谷支隊一個半步兵大隊配屬一個炮兵大隊），面對孫連仲第二集團軍主力（第三十、第三十一、第二十七師及獨立四十四旅），不敢繼續進攻，再次向瀨谷支隊主力求援。瀨谷啓少將隨即派遣第六十三聯隊長福榮眞平大佐率其直屬隊及僅有的第三步兵大隊赴臺兒莊指揮作戰。

3 月 27 日

〔1〕我二十二集團軍克復棗莊，圍攻嶧縣，同時堅守韓莊。附近戰場集中日軍萬餘人。湯恩伯部又克臨城。

〔2〕中華全國文藝界抗敵協會在武漢成立，並通過《宣言》、《告世界文藝作家書》及《告日本文藝作家書》。

〔3〕日軍將南京、上海及華中等地僞組織，在南京合組爲「中華民國維新政府」。設行政、立法、司法三院。梁鴻志任行政院長，溫宗堯任立法院長，許修直任司法院長。1940 年，汪僞國民政府成立後，該政權與之合併。

〔4〕第三集團軍孫桐萱、曹福林部爲配合臺兒莊戰役，攻破大汶口，第五十五師並破毀鐵路。

〔5〕日軍「臺兒莊派遣隊」在得知第六十三聯隊主力南下來援的消息後，以僅有的 1000 餘人向臺兒莊守軍第三十一師發起第二次猛烈進攻，佔領東北角並突入城內。中國守軍以第一八六團展開反擊，經過激戰最終將日軍壓縮於城內大廟附近。經過 4 天戰鬥已經傷亡 2800 餘人，於是精編剩餘部隊爲 3 個團 7 個戰鬥營，以便於作戰。當日晚，日軍第六十三聯隊聯隊長福榮眞平大佐率部（相當於半個聯隊）抵達戰場。日軍機械化部隊約四百人突入臺兒莊，攻入北門，巷戰遂起。池峰城師長親率戰士抵禦。

〔6〕同日，第五戰區一方面給孫連仲第二集團軍下達限期殲滅臺兒莊之敵的命令，另一方面電令湯恩伯第二十軍團南下從背後攻擊臺兒莊之敵。孫連仲同時也向湯恩伯發出求援電。

中國守軍在臺兒莊外圍阻擊進犯的日軍

3月28日

〔1〕臺兒莊日夜鏖戰，巷戰十分激烈，寸土必爭。

3月29日

〔1〕八路軍總指揮朱德、副總指揮彭德懷通電呼吁，請全國和全世界人民抗議並制止日軍投毒氣炸彈，屠殺陝冀魯居民。

〔2〕日軍第二軍司令官西尾壽造見攻擊臺兒莊的六十三聯隊面臨被中國軍隊圍殲的危險，於是命令第十師團瀨谷支隊主力南下投入臺兒莊前線，同時令第五師團阪本支隊暫時中止攻擊臨沂，留下兩個大隊牽制中國第四十、第五十九軍，主力急向臺兒莊增援。

〔3〕同日，第五戰區再次嚴令湯恩伯第二十軍團南下投入臺兒莊作戰。

〔4〕為了收復失地，池峰城決定組成敢死隊，當官兵們知道這個消息後，報名請戰者上百名。池峰城對我官兵的英勇壯舉、犧牲精神深為感動，當即選定了 57 位。敢死隊員在敵掩蔽部內與敵人展開激烈的拼殺。戰鬥結束後，英勇的敢死隊僅剩下 13 人。

〔5〕第十二軍展書堂第八十一師，夜襲大汶口日軍機場，炸毀日軍飛機八架。有力支持臺兒莊會戰。

3月30日

〔1〕在我軍張自忠部、龐炳勳部協力打擊下，臨沂日軍全線崩潰。

〔2〕七七事變以來。第三十五軍由綏遠出師抗日已經近十個月。太原失守後，該軍在晉西臨縣三交鎮附近休整一段後，傅作義率軍回師綏遠。經五寨、興縣、偏關向綏南挺進。

〔3〕日軍瀨谷啓少將率瀨谷支隊其餘部隊（第十聯隊及戰車部隊）從嶧縣南下，於 21 時抵達臺兒莊外圍。當日，臺兒莊內日軍（第六十三聯隊第二大隊殘部數百人）在得知瀨谷支隊主力南援的消息後，在莊外第六十三聯隊主力和航空隊配合下，全力向外擴張，並攻至城南的運河北岸。第二集團軍司令官孫連仲令第三十師一七六團入莊增援，與第三十一師部隊死守臺兒莊西半部，遏制了日軍的擴張勢頭。

孫連仲第二集團軍向臺兒莊內派遣增援部隊

〔4〕當日，第五戰區再次電令湯恩伯第二十軍團南下向臺兒莊日軍側後進攻。

3月31日

〔1〕八路軍一二九師主力在徐向前率領下，設伏於山西東陽關與河北涉縣之間的響堂鋪。當日軍進入伏擊區時廣德獲勝，殲滅日軍5000餘人。

〔2〕八路軍發起猛烈突擊，殲敵400餘人，焚毀其全部軍車。應邀前來觀戰的國民黨友軍高級將領，對這種游擊戰術表示讚歎。

〔3〕日軍瀨谷支隊（第十師團第三十三旅團配屬野戰重炮兵第一旅團等）與中國第二集團軍激戰於臺兒莊內外，未取得任何進展。同日，日軍第十師團長磯谷廉介調動第三十九聯隊一個大隊配屬瀨谷支隊第十聯隊，加強臺兒莊方面進攻。與此同時，在龐炳勳第四十軍、張自忠第五十九軍臨沂作戰局面緩和後，第五戰區調第五十九軍第一三九師轉移至臺兒莊方面作為預備隊。

〔4〕同日，湯恩伯第二十軍團向臺兒莊以北的獐山東部日軍發起進攻，佔領蘭城店、三佛樓等地。同時，日軍第五師團阪本支隊主力（以第二十一旅團為基幹）在第二十軍團側翼出現，並與第二十軍團騎兵團等部隊發生激戰。湯恩伯以避免日軍東西夾擊為由，停止了對獐山東側日軍的進攻，乘夜與日軍脫離接觸。

〔5〕臺兒莊敵人已完全陷入我包圍圈，一部向北逃竄。第五師團再攻臨沂，我第四十軍、第五十九軍奮力抵抗，終未得逞。

1938 四月　臺兒莊大捷舉國歡騰

4月1日

〔1〕於3月29日在武漢召開的中國國民黨臨時全國代表大會決定四大議案，㈠制定抗戰「建國綱領」；㈡選舉蔣介石為中國國民黨總裁，在制度上明確規定其為全黨領袖；㈢結束國防參議會，成立國民參政會為戰時最高民意機關；㈣設立三民主義青年團，大會即閉幕。

〔2〕日本公佈國家總動員法

〔3〕臺兒莊內呈混戰狀態。敵我主力現皆移到臺兒莊。李宗仁親到前線

指揮。中國第二集團軍司令官孫連仲決定發動夜襲，殲滅臺兒莊之敵。當日午夜前後，第二十七師奮勇隊 250 人在第一五七團二營配合下，從臺兒莊東北角突入城中，與日軍展開激烈巷戰，攻佔了東北角及東南門。與此同時，第三十師一七六團第三營向西北角日軍，殲滅日軍一部並佔領西北角。

帶領敢死隊衝鋒的 176 團第 3 營營長仵德厚

4 月 2 日

〔1〕臺兒莊會戰仍在激烈進行，圩內及近郊進行混戰。當日，中國第二集團軍部隊與日軍第十師團瀨谷支隊在臺兒莊內外展開激烈的爭奪戰。同日，日軍第五師團阪本支隊穿過湯恩伯第二十軍團戰線，進入臺兒莊東部的陳瓦房、耿莊地區，與瀨谷支隊第十聯隊取得聯繫。中國第五戰區集結兵力，決心將這兩股日軍殲滅在臺兒莊地區，並定於 3 日發起總攻。

4 月 3 日

〔1〕李宗仁要求第五戰區部隊對臺兒莊地區日軍發動總攻。當日，臺兒莊日軍第十師團瀨谷支隊加強攻勢，但遭到中國第二集團軍第三十一師、二十七師、等部的頑強抗擊。

〔2〕第二集團軍竭力防守，無法按要求發起反攻。同時，中國第二十軍團第七十五軍一部在臺兒莊以東和日軍第五師團阪本支隊激戰，第五十二軍則殲滅了阪本支隊掩護分隊，迂迴至瀨谷支隊左側背。

〔3〕同日，日本陸軍大本營由於發現在臺兒莊集結了大批中國軍隊，認為是打擊蔣介石主力的「大好機會」，因此發出預先號令，決定進行「徐州作戰」，並將華北、華中日軍的參謀召回東京，進行作戰研究

4月4日

〔1〕臺兒莊會戰仍在激烈進行。當日，堅守臺兒莊一帶的中國第二集團軍仍與當面的日軍第十師團瀨谷支隊主力進行苦戰。同時，日軍指揮官瀨谷啓發現中國軍隊有向其側後包抄的迹象，急令其第十聯隊向其支隊部靠攏。同日，日軍第五師團阪本支隊在臺兒莊東部地區的進攻受挫，被中國第七十五軍、第八十五軍部隊包圍。在臺臨公路向城奪取日軍彈藥給養車數百輛。佔領敵左側要地獐山。

〔2〕同日，中國統帥部令曹福林第三集團軍向臨城、棗莊推進，企圖切斷日軍前後聯繫，合圍臺兒莊日軍於嶧縣以南。同時，中國空軍出動 27 架飛機分兩批轟炸了日軍瀨谷支隊和阪本支隊。

中國軍隊迅速包抄臺兒莊日軍側後

〔3〕日軍第一〇八師團主力，第十六、第二十、第一〇九師團及酒井旅團各一部共 3 萬餘人，南自邯（鄲）長（治）公路，北自正太路，西自同蒲路，東至平漢路，分九路向晉東南地區中國軍隊大舉圍攻。在東路軍總指揮朱德和副總指揮彭德懷的統一指揮下，八路軍第一二九師、武士敏第九十八軍的一六九師、高桂滋第十七軍、王奇峰騎兵第四師，陳鐵第十四軍第九十四師聯合作戰，打擊日寇。各路日軍紛紛撤退。中國軍隊乘勝追擊，先後收復遼縣、黎城、潞城、襄垣、屯留、沁縣、沁源、高平、晉城等縣城。後第一一五師第三四四旅和決死隊第 1 縱隊在電留的張店及高平以西的町店，截擊由長治向同蒲路南段撤退之日軍第一〇八師團，斃傷其 1000 餘人。29 日，收復涉縣。至此，日軍對晉東南地區的九路圍攻被徹底粉碎。此役，共斃傷日軍 4000 餘人，收復縣城 19 座。

4月5日

〔1〕臺兒莊會戰仍在激烈進行。午夜，我軍再組成敢死隊，在一小時內奪回日軍佔領的臺兒莊四分之三地盤。敵人死傷累累。當日，日軍第五師團阪本支隊被中國第二十軍團切斷與師團部聯繫，已陷於困境，被迫決定向臨沂退卻。在臺兒莊的第十師團瀨谷支隊進攻也受挫。由於湯恩伯第二十軍團遲遲未能按照計劃向臺兒莊日軍側背發動總攻，蔣介石親自致電湯恩伯，嚴令其發起進攻。湯恩伯接到電令後積極部署進攻，令其麾下關麟徵第五十二、周岩第七十五、王仲廉第八十五軍展開攻擊。同日，第二集團軍司令孫連仲也接到來徐州督戰的第一戰區司令長官程潛電報，要求限期破敵，「樹立首功者獎洋 10 萬，否則師長以上定予重懲。」堅守臺兒莊的第二集團軍隨即部署對當面之日軍的肅清，並以張軫第一一〇師潛渡運河，進攻日軍後路獐山。

臺兒莊大捷，中國士兵進入臺北莊的小巷，搜捕日軍殘餘

〔2〕蔣介石爲了魯南臺兒莊會戰，將周岩第六師與黃光華一三九師合編成新軍——第七十五軍。任命周岩爲軍長，張琪擔任第六師師長。

4月6日

〔1〕今晨，敵軍陷入困境。同時湯恩伯部已趕到臺兒莊，準備全殲日軍。李宗仁來到郊外，指揮全線總攻。日軍遭到中國軍隊的三面圍攻。日軍第十師團瀨谷支隊及第五師團阪本支隊均遭到包圍及攻擊，被迫在日落後全力進行撤退。日軍第十師團長磯谷廉介中將得知消息後立即命令停止後撤，但前線指揮官瀨谷啓少將抗命不從，倉促進行後退。大批軍需物資及日軍屍體均來不及運走，全部放火焚燒。僅臺兒莊附近，瀨谷支隊僅有的 2 門 155 毫米重炮及 8 輛坦克均被遺棄戰場並被中國軍隊繳獲。臺兒莊內的日軍部隊在撤退過程中遭到中國守軍的嚴密火力封鎖，相當一部分日軍因無法逃脫被殲。激戰至 7 日淩晨，臺兒莊內日軍全部被肅清。

臺兒莊繳獲的日本坦克

4月7日

〔1〕臺兒莊激戰八晝夜，我軍大捷。殲滅日寇板垣、磯谷兩精銳師團主力萬餘人。蔣介石電告全國軍民：「聞勝勿驕、聞敗勿餒，奮鬥到底。」中國軍隊將臺兒莊地區日軍全部肅清，日軍第十師團瀨谷支隊及第五師團阪本支隊向北潰逃，退守嶧縣、棗莊地區，中國第五戰區司令長官下達追擊命令。臺兒莊戰役取得了勝利，中國軍隊在臺兒莊地區的作戰中傷亡一萬餘人，殲滅日軍7000餘人（不包括臨沂地區作戰殲滅3000餘人），這是抗戰以來中國軍隊首次取得的戰役勝利，鼓舞了全國人民的抗戰意志。臺兒莊戰役我軍勝利結束。

漢口市民慶祝臺兒莊勝利

〔2〕同日，日軍大本營下達「大陸命」第 84 號命令，部署徐州作戰。
同日，日軍大本營參謀總長下達「大陸指」第 106 號的《徐州附近作戰指導
要領案》。日軍計劃其華北方面軍投入四個師團，華中方面軍投入兩個師團，
以南北對攻的方式擊破徐州方面的中國軍隊。

4月11日

〔1〕中國軍隊攻入曲阜、寧陽。第三集團軍調來津浦線以西，近日在棗
莊一帶與敵軍作戰，圍攻敵軍，第五十五軍侯益振團長，身先士卒，衝鋒肉
搏。

4月12日

〔1〕新任英國駐華大使卡爾在重慶呈遞國書。

4月13日

〔1〕中國國家社會黨代表張君勱致書蔣介石及汪精衛，陳述主張態度，
表示願意共謀團結抗戰。

〔2〕樊嵩甫四十六軍、盧漢六十軍陸續到達第五戰區徐州嶧縣戰場。

4月18日

〔1〕日軍磯谷廉介指揮第十師團主力在臺兒莊戰役受挫後重新轉入攻

勢。以長瀨支隊（以步兵第八旅團為基幹）、瀨谷支隊（以步兵第三十三旅團為基幹）、阪本支隊（以步兵第二十一旅團為基幹）分三路向臺兒莊等地發起進攻。日軍三個支隊遭到中國第二集團軍及第五十二、第六十軍等部頑強抗擊和不斷反擊，激戰至 4 月底雙方僵持不下。

〔2〕于學忠五十一軍由津浦南線北調，攻克韓莊。

〔3〕中旬，晉綏軍孟憲吉第六十八師圍攻中陽，曾在金羅鎮伏擊日寇援軍，頗有斬獲。

4 月 19 日

〔1〕日軍第五師團國崎支隊（以第九旅團為基幹）經過激戰佔領臨沂，此後在繼續攻擊中遭到中國第五十二軍及新來援的第四十六軍猛烈抗擊及反擊，後方聯絡多次遭切斷，且遭到很大傷亡。

4 月 21 日

〔1〕毛澤東、張聞天、劉少奇聯合發出關於開展平原游擊戰爭的指示。

4 月 22 日

〔1〕堅守四行倉庫之謝晉元團長發表談話謂：「租界當局應履行中立者義務，不得視該團為俘虜，而應予釋放」。

〔2〕馬占山東北挺進軍配合傅部揮師綏遠。馬部騎兵第六師劉桂五將軍率部進至安北縣黃油杆子，被日軍包圍。劉桂五在戰鬥中不幸犧牲。

4 月 23 日

〔1〕日軍華中派遣軍按照徐州作戰計劃派出兩支先遣部隊北上。當日，以第六師團十一旅團為基幹的阪井支隊首先從蕪湖出發，次日以第一○一師團的佐藤支隊從東臺出發。兩股日軍均遭到有力的抵抗。

4 月 24 日

〔1〕日軍與第六十軍戰於連防山、邢樓。旅長陳鍾書及團長龍雲階同時殉國。

〔2〕中國國民政府駐英大使王正廷，與美國銀行談妥美金 2 千萬元借款條件。

4月26日

〔1〕傅作義部進入綏遠後，首次收復清水河縣縣城。第三十五軍司令部設立於此。

4月27日

〔1〕董其武率第一○一師由和林格爾北上進攻歸綏。受到日軍的抵抗後，又回到山西偏關、河曲休整。

〔2〕朱德、彭德懷指揮八路軍及駐當地友軍第三軍、第十七軍、第九十四師、第一六九師、山西新軍在晉東南粉碎日軍的九路圍攻。圍攻的日軍以第一○八師團為主力，以及第十六師團、二十師團、一○九師團及酒井旅團各一部共約四萬人。此役消滅日軍 4000 餘人，收復縣城 18 座（八路軍收復 12 座），將日軍全部驅逐出晉東南地區。其中，八路軍在長樂村戰鬥中殲滅日軍第一○八師團第一一七聯隊 1500 餘人。

4月28日

〔1〕新四軍組成以粟裕為司令員的先遣支隊自岩寺西北潛口向蘇南進發。

〔2〕徐州會戰激烈進行中。日軍第十師團將剛剛配屬的第十六師團草場辰巳第十九旅團編為草場支隊，由瀨谷支隊右翼投入戰鬥，向臺兒莊地區進攻。但隨後遭到中國第一一○師、第三十師的頑強抗擊，被迫轉為守勢。

4月29日

〔1〕日本海軍航空部隊為慶賀日本天皇的生日——「天長節」，派遣大批飛機（28 架 96 艦戰、18 架 96 陸攻）空襲中國政府的臨時首都武漢。日機剛剛抵達武漢上空，就遭到中國空軍和蘇聯志願航空隊的伊-15、伊-16 戰鬥機的攔截。經過半個小時的激烈空戰，一舉擊落日機 21 架，其中戰鬥機 11 架，轟炸機 10 架，擊斃日軍飛行員 50 餘人，並生俘 2 人，取得抗戰以來最輝煌的空戰勝利。中國空軍損失戰鬥機 12 架，傷亡 5 人。戰鬥中，飛行員陳懷民駕駛的伊-16 受傷後毅然撞向一架日軍 96 式戰鬥機（駕駛員高橋憲一），雙方同歸於盡，使地面上觀戰的武漢中國軍民為之動容。愛國將領馮玉祥將軍為陳懷民的壯舉感動而賦詩感歎不止。

武漢市民觀看空戰

陳懷民烈士

中國空軍的伊-16 戰鬥機

〔2〕于學忠五十一軍在郯城抗戰九天，傷亡旅長以下數千人，阻敵南下，掩護了大軍集中。

4月30日

〔1〕由於日本大本營認爲臺兒莊的敗退「有損於陸軍的傳統」，於當日任命東久邇宮爲第二軍司令官，接替西尾壽造。徐州會戰後，第十師團長磯谷廉介則被編入預備役。

1938年5月　豫東戰場中國失利

5月1日

〔1〕我軍克復晉城，晉東日寇完全肅清。

5月3日

〔1〕英國日本簽訂關於中國海關的協定，規定日軍佔領區內一切收入，悉存入橫濱正金銀行。

〔2〕我軍拂曉分三路向邳縣、郯城日軍反攻。東面由娘子湖出擊，正面

由澇溝出擊，西面由聯防山出擊。邳縣西北、臺兒莊東北及嶧縣、棗臺支線之兩側均有惡戰。

5月4日

〔1〕中國國民政府外交部為英、日擅訂關於海關的協定，向英國政府提出抗議。

5月5日

〔1〕蔣介石致電斯大林洽商軍火、貨物交換辦法。

〔2〕日本頒佈「國家總動員法」的天皇命令。內閣政府設立國家總動員審議會。

5月6日

〔1〕日軍第十四師團為保豫西北沁（陽）濟（源）大道暢通，實現西進中條山與晉南日軍的聯接，調集沁、溫、孟、博日軍2000多人，對我駐十八里守軍郜子舉第九十一軍一六六師九九五團大舉進攻。中國將士抱著「與國存亡，在此一戰」的誓死信念，斃傷日軍近千人，我守軍九九五團第二營及團直約600官兵戰至最後一槍一人。團長閻普潤壯烈殉國，時年32歲。國民政府感其英烈，追贈為少將軍銜。為支援中國守軍抗戰，130多位村民慘遭殺害。

5月7日

〔1〕日軍第十三師團（荻洲師團）由蚌埠向懷遠進攻。我防守部隊第七軍經抗擊後經城區向西撤退。

5月9日

〔1〕日軍十三師團在飛機配合下猛攻蒙城，第四十八軍一七三師一個團奉命由副師長周元率領激烈抵抗。9日，蒙城失陷，副師長周元及以下官兵近3000人壯烈犧牲。

5月10日

〔1〕日軍第五艦隊加賀、蒼龍航空母艦等共三十一艘，載二千餘人，在飛機三十架的掩護下，由宮田喜一海軍少將指揮在廈門登陸，攻擊守軍七十

五師。副師長韓文英負傷、參謀長楚懷民、營長宋天成陣亡，守軍退守雲頂岩一線。

〔2〕日本陸軍一部約 5000 人在廣東省南澳島登陸。

5月11日

〔1〕日軍增援部隊到達，廈門市區失守。繼而圍攻白石、胡里山、嶼仔尾炮臺三天。守軍經激烈戰鬥後，炸毀炮臺，撤出。戰後師長宋天才解重慶受嚴懲，韓文英升任師長。

5月12日

〔1〕八路軍第三縱隊呂正操部收復青縣。

〔2〕德國與偽滿洲國在柏林訂立友好條約。

5月13日

〔1〕日軍阪井支隊 2000 餘人由東南方向進攻合肥。駐防合肥的徐源泉第二十六集團軍防守不力，一觸即潰。14 日晨，日軍進入合肥。不久，即沿合安公路南下進攻安慶。

〔2〕新四軍軍長葉挺致電上官雲相，抗議國民黨軍阻止新四軍先遣隊北上抗日。

〔3〕國聯重申援華決議案，請各國單獨援助中國的抗日戰爭。

〔4〕孫連仲部、湯恩伯部向豫南、鄂北轉移，旨在脫離目前徐州戰場不利態勢。

〔5〕日軍在鄭州投彈數十枚，炸毀房屋 300 多間，死傷居民 89 人。

5月14日

〔1〕八路軍第一二〇師創建大青山抗日游擊根據地。

〔2〕陳毅率新四軍第一支隊自岩寺出發，挺進江南敵後鎮江、句容、金壇地區。是月，抵安徽涇縣茂林鎮，6 月 14 日到達茅山。

〔3〕我第二十一集團軍克全椒、巢縣，圍攻合肥。軍事委員會以巢縣克服，淮南軍威大振，特致電李宗仁司令長官，查明所有出力部隊，全體傳令嘉獎。

〔4〕今起，半月中日軍連陷屯溪、蕭縣、宿縣、碭山、渦陽、亳縣。

5 月 15 日

〔1〕由於日軍已形成對徐州的四面合圍態勢，中國最高軍事會議決定放棄徐州。次日，第五戰區各部隊分別向豫、皖邊界山區突圍。

〔2〕日軍攻陷菏澤，守軍第二十集團軍第二十三師進行了頑強抵。，師長李必藩中將、參謀長黃啓東少將，團長劉冠雄英勇殉國。

〔3〕魯西敵軍集聚在金鄉、魚臺，一股竄到曹縣北，並猛攻碭山，企圖切斷隴海路。蕭縣楊樓亦發現敵蹤。

5 月 16 日

〔1〕新四軍第四支隊在安徽巢縣蔣家河口伏擊日軍，首戰告捷。

〔2〕日軍向徐州進攻，飛機狂轟亂炸。我疏散兵力改爲外線作戰。

5 月 17 日

〔1〕孫科今日抵達莫斯科，即往訪問蘇聯外交委員會遠東部主任摩羅諾夫。

〔2〕上旬由陝西調進山西的九十六軍一七七師在晉南永濟一帶活動。中旬收復虞鄉。

5 月 18 日

〔1〕日軍板井支隊進攻格山，川軍第一四六、一四七師奉命阻擊。激戰後，向山區撤退，日軍於次日佔領潛山。

5 月 19 日

〔1〕侵華日軍第九、第十三師團攻陷徐州，徐州會戰基本結束。中國第五戰區主力已從徐州突圍，最後第六十八軍劉汝明部經激烈抵抗後撤出與日軍脫離接觸。是日徐州失守，日軍企圖包圍我魯南大軍的計劃落空，幾十萬大軍向豫東、豫南撤退。第一戰區在豫東的薛岳兵團爲掩護第五戰區主力轉移及阻止日軍西進仍在激戰。

日軍攻入徐州

〔2〕日本華北派遣軍土肥原第十四師團由菏澤北面董口強渡黃河，向隴海線挺進。第一戰區司令長官程潛，指揮所部攔截阻擊。

5月20日

〔1〕八路軍第一二〇師第三五九旅和雁北支隊東進恒山和北平以西地區。

〔2〕中國空軍遠征日本九州。當日，在日軍大肆宣揚徐州會戰勝利時，中國空軍直屬第十四中隊徐煥升及余彥博率隊駕駛兩架馬丁 B-10 轟炸機，於夜間自寧波機場起飛，到達日本九州上空，在熊本、久留米、福岡、佐世保、長崎等城市散發數十萬傳單，在 20 日 11 時安全返回漢口基地。此舉是日本有史以來第一次遭到其他國家的空中襲擊，轟動了全世界。各國媒體將此次遠征稱爲「人道轟炸」。給日本侵略者一個當頭棒喝，大長了中國軍民的士氣。

徐煥升

馬丁 B-10 轟炸機

5月22日

〔1〕蕪湖日軍乘船溯江而上，在繁昌境內的長江港口獲港登岸。

5月23日

〔1〕土肥原第十四師團進攻蘭封。蘭封守軍為第二十七軍加一個德式戰車營，而守將桂永清24日就全線潰退丟失蘭封，八十八師師長龍慕韓竟步桂永清後塵於5月23日擅自放棄蘭封，使日軍不費吹灰之力進佔戰略重地蘭封。

5月24日

〔1〕碭山失守。據守碭山的第八軍第一○二師在日軍猛攻下，師長柏輝章下令放棄陣地西逃。日軍中島今朝吾第十六師團於24日佔領碭山，南北進攻日軍在碭山會師。

5月27日

〔1〕蔣介石聞訊後嚴令48小時內必須收復蘭封。七十一軍、七十四軍、六十四軍和二十七軍全力反擊，血戰兩天後於今日收復蘭封。

〔2〕安徽臨時省會設在立煌縣（今金寨縣）。

5月28日

〔1〕東線敵人進逼當時稱為歸德府的豫東重鎮商邱。五戰區殿後的部隊在商邱以東掘壕據守。第八軍黃杰29日丟商邱，直接導致蘭封會戰功敗垂成！事後八十八師長龍慕韓被處決，成為抗戰中第一個被處決的嫡系將領，桂永清和李良榮均被免職，第二十七軍番號撤銷。

5月30日

〔1〕蔣介石接斯大林覆電，表示願意以蘇聯的軍火裝備交換中國的茶葉、羊毛、錫和銻礦等貨品。

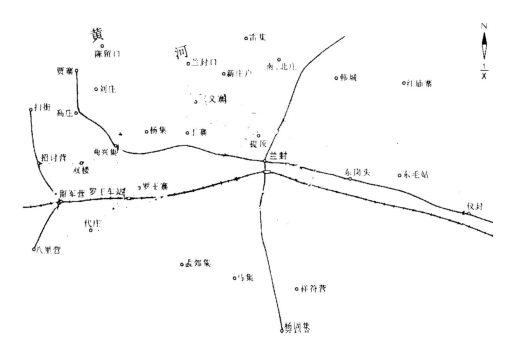

蘭封戰役形勢示意圖

5 月 31 日

〔1〕武漢第三次空戰，中國空軍擊落日機 14 架，我毀 1 架。

〔2〕八路軍第四縱隊挺進冀東，冀東人民隨即舉行武裝起義。

〔3〕下旬，日軍攻佔夏縣、聞喜等地後，又兵分三路向南橫掃，直逼黃河岸邊，企圖強渡黃河，攻佔澠池，截斷隴海路，威脅洛陽、潼關。蔣介石急令第一戰區、第二戰區發起反攻，阻敵南下。第二戰區以第 13 軍、第 40 軍為主力，向敵後夏縣、聞喜發起強攻，迫使日軍向後龜縮。

1938 年 6 月　黃河決堤下游頓成澤國

6 月 1 日

〔1〕蔣介石在武漢召開軍事會議，決定豫東守軍向豫西轉移，同時決定決黃河堤壩放水。

〔2〕第一戰區原宋哲元第一集團軍的石友三第六十九軍進駐新泰、泰安、萊蕪 等地。同月，該軍編入第十集團軍。

6月3日

〔1〕傅作義部反攻綏遠失敗。

6月4日

〔1〕日軍第十四師團進攻開封。

〔2〕日軍四千人及偽蒙軍兩個師分三路進攻山西偏關。第三十五軍及何柱國騎兵軍進行抵抗。次日,偏關被日軍佔領。

6月5日

〔1〕敵由東、北兩門攻入開封城內,第三十二軍一四一師師長宋肯堂下令撤退,放棄開封。

6月6日

〔1〕國民政府聘請毛澤東、林祖涵、吳玉章、董必武、陳紹禹、秦邦憲、鄧穎超為國民參政會參政員。

〔2〕日軍佔領開封。敵第十四、第十六兩個師團集中力量向鄭州進攻,次日,一部進抵中牟附近,鄭州形勢岌岌可危。

〔3〕新八師師長蔣在珍以趙口決堤失敗,提出改在花園口另行決堤,被採納。

6月8日

〔1〕中國國民政府駐日大使館人員全體奉召回國。

6月9日

〔1〕新八師蔣在珍部在花園口黃河南堤決口成功,決口擴至 370 公尺。滔滔黃河水,淹沒了中牟、尉氏、扶溝、西華、淮陽等地,水流經中牟、尉氏沿賈魯河南泛,豫東 17 個縣盡成澤國。又經潁河、西淝河、渦河注入蚌埠上游的淮河,淹沒了淮河的堤岸,沖斷了蚌埠附近的淮河鐵路大橋,蚌埠向北經曹老集至宿縣,也都成了一片汪洋。黃河彙入淮河、東入洪澤湖,再經界首進入運河,沿運河南下進入長江,流入東海。整個黃泛區由西北至東南,長達 400 餘里,流經豫、皖、蘇三省 44 縣,給這一地區的人民生命財產造成了無法估量的損失。據不完全統計,河南民宅被沖毀 140 餘萬家,淹沒耕地 800 餘萬畝,安徽、江蘇耕地被淹沒 1100 餘萬畝,傾家蕩產者 480 萬餘人。80 餘萬老百姓

葬身魚腹，上千萬人流離失所，而且造成此後連年災荒的黃泛區。

國民政府救濟黃災災民

〔2〕駐武漢黨、政、軍機關開始撤退。黨政機關移駐重慶，軍事機關移至湖南。

〔3〕從南京方向飛來 9 架日軍雙翼轟炸機，對安徽全椒縣城輪番轟炸，扔下了幾十顆重型炸彈，並用機槍向地面掃射、持續半小時之久。城內軍民 80 多人被炸身亡。

6月10日

〔1〕蔣介石接斯大林函，內稱：「對中國抗戰的必勝，表示其堅決信念」。

〔2〕黃河泛濫區中心的日軍，其來不及撤走的車輛、火炮、戰車等輜重武器裝備等，均沉入水底，不少人員。馬匹被水沖走。在黃泛區東岸的日軍迅速後撤，到達平漢路新鄭附近的日軍就地組織防禦和空投補給。華中日軍第十三師團也從淮北漲水地區撤至淮河以南。華北日軍組織緊急援助，解救被困部隊。由於花園口掘堤，日軍機械化部隊南犯行動受阻，輜重彈藥損失

較大，日軍大本營原定的以淮河水運爲後勤補給線，日軍主力由北方進攻漢口的作戰計劃破產。日軍不得不改變作戰線路，將主力南調，配合海軍，溯長江西犯。中方一度瀕於危急的戰略態勢得以穩定下來。

花園口決堤後涉水推進的日軍第 14 師團 94 式騎兵裝甲車

6 月 12 日

〔1〕武漢會戰開始。日軍波田支隊佔領安慶，宣告武漢大會戰開始。日本出動華中派遣軍的 9 個師團、3 個旅團約 25 萬人；中國方面出動了約 130 個師共 100 萬的部隊。激戰至 10 月 25 日，武漢被日軍佔領，武漢會戰歷時 5 個多月，中國軍隊以傷亡 40 萬人的代價，使日軍損失近 10 萬人。

〔2〕騎兵第四軍軍長檀自新，以不服調遣被槍決。

〔3〕日本陸軍第六師團權井支隊的步兵第四十六聯隊佔領安徽桐城。

〔4〕僞南京「維新政府」任命倪道烺爲安微省長。同年 10 月 28 日，僞安徽省政府在蚌埠正式成立。

6 月 13 日

〔1〕日軍在豫東攻勢因受阻於黃河泛濫，乃向皖贛西部的大通、安慶等地發動猛攻，二千日軍在二十艘軍艦掩護下進犯安慶，向我楊森第二十七集團軍據守的大關陣地進攻。長江戰況吃緊。

〔2〕楊森第二十七集團軍因主力分散各地，失去掌握，且又處於腹背受
敵的不利境地，遂放棄安慶。向潛山、太湖撤退。

6月14日

〔1〕蔣介石令編組第九戰區，陳誠爲司令官，仍兼武漢衛戍司令。

6月15日

〔1〕日軍第十一軍直屬波田支隊協同海軍沿長江西上攻佔安慶。安慶、
大關兩地相繼失守。入城以後，日軍大肆屠殺居民。

〔2〕安徽潛山戰鬥激烈，守軍撤離。

6月16日

〔1〕蔣介石爲組織三民主義青年團，發表「告全國青年書。」略謂：「該
團之創設，非爲青年謀出路，而爲求抗戰建國之成功，與三民主義之實現。」

6月17日

〔1〕新四軍先遣支隊在鎮江、句容公路上的衛崗伏擊日軍，斃敵數十名，
首戰獲勝。

6月18日

〔1〕北平、南京僞組織發表「和平宣言」。實爲投降宣言。

〔2〕第二十一集團軍退守小池驛、太湖一線。

6月23日

〔1〕日軍佔領安慶後，以波田支隊、第一○六師團、第三艦隊等部向馬
當、湖口方向進攻，企圖溯江西進，攻佔九江，繼爾進攻武漢。據此，中國
第九戰區決心確保馬當、湖口諸要塞，以第十六軍防守馬當，以第四十三、
第七十三軍防守彭澤、湖口地區，以阻止日軍溯江西進。當日十七時，日軍
800 餘人在新溝登陸，襲擊香山，另一部襲擊黃山、香口。

6月24日

〔1〕波田支隊在毛林洲及新溝登陸。中國軍隊李蘊珩第十六軍在馬當外
圍之黃山、香山陣地與日軍激烈爭奪，至十二時，日軍先後攻佔黃山、香山、

香口，並攻向馬當。此時馬當僅有守軍一個營，加上外圍第五十三師殘部共500餘人，急待增援。

〔2〕日本五相會議決定，「集中國力解決中國事變，大概以本年內達到戰爭的目的為前提，使對內對外各種措施一切適應於此」。

6月26日

〔1〕拂曉，日軍繼續由娘娘廟、牛山磯登陸進攻。增援馬當要塞的薛蔚英第一六七師走小路遲遲不至（後薛被處決）。馬當要塞守軍拼死抵抗，日軍並使用毒氣，苦戰至9時，陣亡殆盡，要塞被日軍佔領。

6月28日

〔1〕日軍在蘇北決運河大堤，以圖阻止韓德勤、繆徵流部反攻其後方，致使蘇北數縣盡成澤國。次日，日方廣播詭稱係中國自己所為。

〔2〕日軍清水師團萬餘人，分三路進攻太湖。一路從潛山經小池、劉羊來犯；一路從懷寧石牌經新倉進逼；一路從望江經徐家橋來縣。駐守在太湖的陸軍一三八師四一三團及川軍楊森部分兵力共約2000餘人，在縣東山頭堵擊。兩軍相接，槍炮交加，血肉橫飛。雙方鏖戰多時，因眾寡懸殊，又遭敵空軍狂轟濫炸，翌日，縣城失守，守軍一三八師等部只得退守城北龍山宮、四面尖、花涼亭一帶。日軍繼續猛攻，一三八師等部傷亡過大，再退到塔鎮、大湖河，日軍佔領龍山宮、羊塢山等地後，一三八師等部又再退至龍灣。

6月29日

〔1〕日軍五艘炮艦駛至彭澤西南方的方湖，在將軍廟登陸。彭澤已陷於日軍包圍之中，守軍第五十六師、第一六七師損失嚴重，彭澤遂告失守。

〔2〕同日，宋慶齡組織「保衛中國同盟」，向國外和華僑宣傳抗日運動，募集醫藥和其他物資，介紹國際友人組織的醫療隊到敵後抗日根據地參加戰時救護工作。

〔3〕白崇禧在廣濟縣城召集皖西、鄂東守軍將領開會。

6月30日

〔1〕蔣介石對倫敦每日快報記者談話謂：除非中國將主權完全恢復，絕不歡迎任何國家調停。

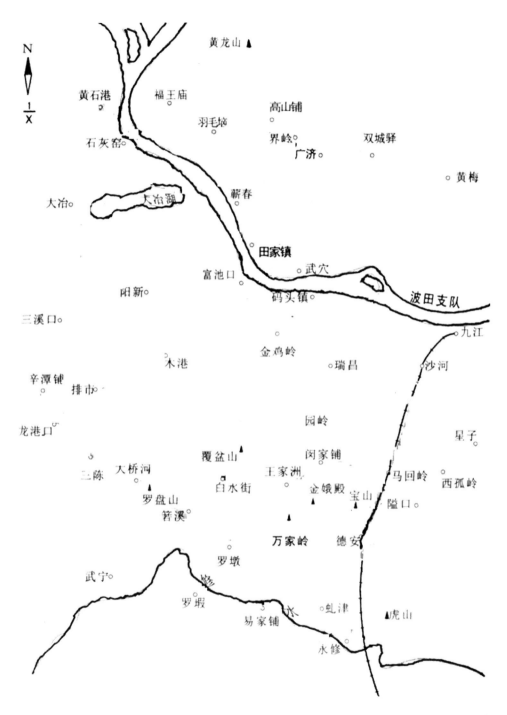

萬家嶺、田家鎮戰場形勢示意圖

1938 年 7 月　武漢會戰開始

7 月 1 日

〔1〕新四軍軍部進駐皖南涇縣雲嶺。

〔2〕偽蒙古聯盟自治政府在厚和舉行第三次蒙古大會，蒙古各旗王公、日本代表及偽滿、察南、冀北等偽政權代表到會。德穆楚克棟魯普被推為偽蒙政府主席，李守信為副主席。

〔3〕美國對日本實行「道義上」的禁止輸出。

〔4〕武漢會戰之湖口要塞保衛戰開始。當日，日軍乘艦溯江西進的波田支隊在娘娘廟西側登陸，並與發起反擊的中國守軍第七十三軍七十七師第四六〇團遭遇。日軍野戰毒氣第十三中隊在戰鬥中釋放毒氣，造成中國守軍 100 餘人中毒。激戰至夜間，該四六〇團團長負傷，殘部 200 餘人退守流斯橋。

抗日時期的中國德式機械化師

7 月 2 日

〔1〕日艦犯湖口，被中國空軍擊沉 2 艘。

〔2〕國民政府公佈《中國國民黨抗戰建國綱領》。

7 月 4 日

〔1〕國民政府規定每年 7 月 7 日爲抗戰紀念日。

7 月 5 日

〔1〕日軍佔領彭澤以後，便集重兵向湖口猛進。湖口是鄱陽湖通長江的咽喉，攻打 3 天，於今日攻陷湖口。

〔2〕中國共產黨參加國民黨參政會的參政員是毛澤東、陳紹禹、秦邦憲、林祖函、吳玉章、董必武、鄧穎超等 7 人，發表《我們對於國民參政會的意見》一文。

7 月 6 日

〔1〕國民參政會第一次大會在漢口開幕，至 15 日結束。會議宣佈：㈠決定對侵略者作長期抗戰；㈡擁護國際正義和平；㈢指責傀儡組織係日本玩物。大會選舉了駐會委員 25 人，其中有董必武、秦邦憲、陳紹禹。

7 月 9 日

〔1〕冀東大暴動。冀東之昌黎、灤縣、遵化‧樂享、遷安、豐潤、興隆 7 縣。人民舉行武裝抗日起義，成立抗日聯軍。

〔2〕滇緬公路建成通車，畹町至昆明全長 959 公里。

7 月 13 日

〔1〕日寇佔據西沙群島。

7 月 14 日

〔1〕張鼓峰事件爆發。日、蘇兩國軍隊在圖們江下游中國東北張鼓峰地區發生的大規模武裝衝突事件。

7 月 18 日

〔1〕開灤馬家溝、林西、唐莊子 7000 礦工，在共產黨員周文彬、節振國領導下，舉行抗日武裝起義，攻佔趙各莊礦區警察局，攻入唐莊子礦，後遭日軍鎮壓。

7 月 19 日

〔1〕至 22 日，日本五相會議決定「從內部指導中國政權的大綱」提出

在軍事上要促使中國軍隊投降，加以籠絡，促其歸順，並發揮其反蔣反共意識，支持新政權。

7月20日

〔1〕美國波士頓大學學生5百餘人同市民遊行，聲援中國抗戰，並將日貨投入海中。

7月23日

〔1〕日軍波田支隊在九江東面的姑塘登岸。中國守軍第二兵團以第七十、第六十四軍等部協同第八軍實施反擊。日軍援兵第一○六師團繼續登岸。

7月24日

〔1〕日軍第十一軍第六師團從安徽潛山向太湖進攻，發起武漢會戰中對長江北岸的攻勢。

7月25日

〔1〕中美無線電恢復，成都與舊金山直接通報。

〔2〕武漢會戰繼續進行。當日，中國第九戰區鑒於大批日軍登陸，同時守軍傷亡嚴重，決定令第二兵團調整部署，放棄九江。日軍於26日晨攻佔九江。九江失陷，中國軍隊退守廬山兩側及南潯路阻擊日軍。與日軍一○六師團，雙方對峙一月之久。

7月26日

〔1〕日軍第十三師團及一個騎兵大隊進犯宿松、太湖。當時，四十四軍軍長廖震率本部和兩廣軍隊阻敵，幾經較量，終因日軍飛機和火炮的優勢，宿、太兩地均陷落。

7月29日

〔1〕日機襲擊廣東南雄，被中國空軍擊落6架。

〔2〕八路軍第一一五師、第一二九師各一部挺進冀魯邊地區。

7月30日

〔1〕杭州日軍劫去英國教會醫院中國住院傷兵103人。

1938 年 8 月　日寇繼續圍攻武漢

8 月 1 日

〔1〕八路軍高級參議宣俠父在西安八路軍辦事處回家途中，被國民黨特務綁架，當晚遭殺害。

8 月 2 日

〔1〕重慶防空大隧道舉行破土典禮。

8 月 3 日

〔1〕武漢會戰的南潯戰役開始。在南潯線上，日軍先後投入第一○六師團、一○一師團和第九、第二十七師團部分兵力，中國軍隊第九戰區部隊頑強抵抗。同日，中國武漢衛戍總司令部政治部發表文告，勸導武漢民眾疏散。

〔2〕早上，日軍第三師團兩個聯隊，在與六十八軍戰鬥一晝夜後，佔領黃梅。隨後，雙方在黃梅城郊展開了三天的拉鋸戰。

8 月 4 日

〔1〕黃梅失陷，日軍攻入鄂東門戶，武漢遂暴露於日軍之前。

8 月 5 日

〔1〕第九戰區擬定保衛武漢作戰計劃。

8 月 11 日

〔1〕日飛機 72 架轟炸武昌、漢陽，民眾死傷 500 餘人。

8 月 12 日

〔1〕國民政府特派顧維鈞、郭泰祺、錢泰為出席國際聯合會第十九屆代表大會。

〔2〕由陝西來晉的第四集團軍教導團，堅守風陵渡陣地二十餘日，給與敵軍大量殺傷後，退入中條山。

8 月 14 日

〔1〕桂系第八十四軍反攻黃梅。一八八師擔任主攻。當時，師長劉任、副師長劉建常毫無作戰經驗，草率發動進攻。開始攻勢很猛，偽軍望風而逃。

日軍則進行反攻。

8月15日

〔1〕桂軍克蒙城，日軍敗退宿遷。

8月17日

〔1〕日軍佔領山西永濟、芮城，經李興中第九十六軍及孔從洲獨立四十六旅堅決反擊，次日日軍退出芮城。

8月21日

〔1〕日軍進犯星子。

〔2〕宋慶齡在廣州發表廣播演說，斥責美國向日本提供軍火。

〔3〕八路軍冀南地區部隊發起漳（河）南戰役。

〔4〕新四軍蘇南部隊粉碎日軍首次圍攻。

〔5〕八路軍第一二〇師一部創建大青山抗日根據地。

8月22日

〔1〕日本大本營下達進攻武漢的第 188 號「大陸命」、第 135 號「大海令」和第 250 號「大陸指」指示。同日，日軍「華中派遣軍」（轄第二軍、第十一軍共 12 個師團另兩個旅團）接到命令後，下達了進攻武漢的命令。

8月23日

〔1〕王敬久第二十五軍經過一夜的激戰，西撤 。日軍一〇一師團佔領了星子。

8月24日

〔1〕武漢會戰激烈中進行，日軍第六旅團經過激烈戰鬥佔領長江南岸的瑞昌。

8月26日

〔1〕日軍第十師團進攻六安，與守軍第五十一軍第一一三、一一四師激戰。守軍撤至淮河西岸。

8月27日

〔1〕蔣介石接見路透社記者，否認意大利調停中日戰爭。

8 月 28 日

〔1〕第八十四軍又協同六十八軍、四十八軍一七六師再次反攻黃梅，激戰兩晝夜，佔領了離城五里的魏家涼亭。但日軍從兩翼出擊，將一七六師包圍於雙城驛。一八八師副師長劉建常親率兵赴援，救出一七六師，部隊損失慘重。其中，由團長李漢光親自率領進攻雙城驛的一個營陷入重圍，幾乎全部犧牲，僅李漢光率 8 名士兵逃回。

8 月 30 日

〔1〕日軍在合肥集結 5 萬兵力，第十三師團分三路向六安、霍山進犯，同于學忠、馮治安部及安徽省保安五團激戰。兩地不久失陷，日軍攻陷六安、霍山。北路日軍第十師團突破我于學忠第五十一軍防線攻佔六安後，強渡淠河和史河。

8 月 31 日

〔1〕日軍第六師團分幾路縱隊向黃梅附近中國軍隊一八九師陣地發動全線進攻，攻擊重點在大洋廟山口。日軍首先以炮兵及飛機猛烈轟擊一八九師。

1938 年 9 月 萬家嶺殲敵萬餘

9 月 1 日

〔1〕武漢保衛戰之瑞昌前線獲勝，殲滅日軍 4000 餘人。

〔2〕敵分數縱隊向我八十四軍及四十八軍正面晝夜猛攻，並以優勢之空炮轟擊。我軍在破山口、塔兒山、惡席寨、雙城驛、排子山、英山嘴各地與敵血戰，各陣地失而復得，反覆攻擊者數次。經此激戰，第八十四軍損失已達二分之一以上，第四十八軍的第一七六師「傷亡亦在二分之一，同時，潛山、太湖、宿松又告失陷。

〔3〕新四軍第四支隊七團三營在桐城南范家崗伏擊桐城開出的日軍軍車，炸毀 2 輛·斃敵 14 人。

9 月 2 日

〔1〕馬回嶺失守。日軍佔領馬回嶺後，因傷亡過大，被迫停止前進，在馬回嶺地區進行休整，並補充兵源。

9月4日

〔1〕日軍突破大河鋪中央陣地。因一八八師是一線配置，無預備隊，一點突破則全線崩潰。軍預備隊奉命趕去增援，亦無濟於事。守備部隊被敵截為兩段。副師長劉建常率右翼之一部倉皇向後撤退。日軍繼以騎兵領頭衝鋒，我軍依託堅固陣地，組織稠密火網進行抵抗。

9月6日

〔1〕武漢會戰今日日軍三個師團投入戰鬥，日軍第六師團開始向廣濟展開猛攻，血戰至今日，廣濟失守，日軍隨即向田家鎮要塞展開攻擊。中方派張淦第七軍和張義純第四十八軍的四個師為主力，向廣濟發起進攻，並未奏效。日軍第十三師團在富金山陣地前久攻不下，同時傷亡慘重。日軍第十師團經過激戰攻佔河南省固始，中國守軍鍾松第六十一師西撤。

9月7日

〔1〕八路軍第一一五師第三四四旅六八九團及冀南新一團攻佔冀南臨漳南回隆、楚旺、呂村集。

〔2〕八路軍一一五師主力在汾（陽）離（石）公路三戰三捷。

〔3〕中國政府向國聯揭露侵華日軍四個月來使用毒氣 11 次之證據，請求制止日本暴行。

〔4〕日本御前會議決定，由陸海軍聯合進攻廣州。成立第二十一軍司令部，指揮廣州作戰，指揮官古莊幹郎。

〔5〕日軍第十師團攻佔固始後，以一個聯隊的兵力南下攻擊富金山以西的武廟集，嚴重威脅富金山陣地側後。七十一軍軍長宋希濂立即將軍預備隊八十八師五二三團緊急調到日軍南下必經之路在固始以南的坳口塘設伏，重創日軍第三十三旅團長瀨谷啓所率 1 個聯隊，殲敵數百人，瀨谷啓被迫退回固始。

9月8日

〔1〕第三十一軍、第八十四軍對敵側背發動攻擊，盤據廣濟之敵倉皇敗

走，桂軍乘勝收復廣濟。次日，敵增兵反攻，中國第四兵團總司令李品仙決
定放棄廣濟，從黃梅出發的日軍第六師團，經過晝夜苦戰後終於佔領 30 多公
里外的廣濟。由於傷亡甚眾，日軍第六師團隨即構築工事，轉為守勢。此後，
第四兵團向當面日軍不斷發起反攻，但在日軍猛烈火力和大量釋放毒氣的情
況下，未能取得進展。此後，敵我遂相持於廣濟界嶺。

9 月 9 日

〔1〕八路軍第一二〇師第三五九旅與日軍激戰於廣靈附近。

〔2〕日軍在進攻武漢、廣州期間，對晉察冀邊區五臺和冀西地區進行空
前規模的圍攻。晉察冀邊區軍民和第一二〇師主力展開反圍攻作戰。

9 月 10 日

〔1〕國聯行政院接受中國要求，對日本實施盟約第 17 條的邀請，承受
國際聯盟會員國之義務。

9 月 11 日

〔1〕中日兩軍在安徽富金山一帶展開血戰。當日，鑒於日軍連日猛攻富
金山受挫，中國第三兵團總司令孫連仲部署兵力，計劃擊滅富金山當面之日
軍第十三師團部隊。但日軍於當日凌晨猛攻富金山及 800 高地，戰鬥異常激
烈，至 16 時富金山除最高峰外主陣地全部被日軍佔領。中國守軍第三十六師
師長陳瑞河率殘部反擊日軍，予日軍以重大殺傷，但自身僅餘戰鬥員 800 餘
人。第七十一軍軍長宋希濂命令第六十一師掩護第三十六師撤出陣地，三十
六師傷亡慘重，撤退時僅八九百人。富金山宣告失守。同時，各路出擊的中
國部隊均未取得決定性進展，從而重新調整部署撤往二線陣地。富金山阻擊
戰，第七十一軍僅一個三十六師一萬人，拖住日軍二萬餘人十天不能前進，
消滅日軍一千多人。

9 月 12 日

〔1〕王敬久所率第二十五軍和葉肇所率第六十六軍放棄星子西孤嶺陣
地。在日寇重兵強大火力攻擊下，西孤嶺終於還是失守了。日軍利用西孤嶺
地勢，用重炮轟擊我東孤嶺主峰陣地，同時飛機輪番轟炸掃射，加上毒氣彈。

9 月 16 日

〔1〕中國軍事委員會下達《武漢會戰作戰計劃》，確定了武漢地區核心守備及外圍防禦的兵力部署。

〔2〕當日，日軍波田支隊向長江南岸的富池口要塞發起進攻，中國守軍第五十四軍第十八師奮勇抵抗，堅持陣地達八天八夜。

〔3〕日軍十三師團及第十師團之瀨谷支隊打到河南商城。爾後日軍十三師團和十六師團向南轉進，在沙窩一帶，與孫連仲、宋希濂等部激戰 30 餘日。本日商城失陷。

9 月 17 日

〔1〕國民政府任命胡適爲駐美全權大使。

9 月 18 日

〔1〕河南省賑務會主席報告黃河決堤受災情況：河南受災 18 個縣，據 15 縣統計受災面積 2.61 萬平方公里，財產損失 6,390 餘萬元，待賑災民近 138 萬人。

9 月 19 日

〔1〕國聯行政院通過接受中國申訴，援用盟約 17 條通知日方「關於解決中日紛爭，希望日本接受國聯歷次決議案」。

9 月 21 日

〔1〕中國軍隊眾寡懸殊乃轉進於潢川，又與日軍激戰一周，而放棄潢川。日軍與陳鼎勳第四十五軍激戰，再陷羅山。

〔2〕日軍第一〇六師團從正面進攻德安未遂，便向南進攻萬家嶺，企圖包圍中國第一兵團德安陣地左翼。薛岳及時組織第六十六軍、第七十四軍、第四軍各 2 個師，對敵實行合圍，並斷其補給。

9 月 22 日

〔1〕日軍主宰之僞「中國聯合委員會」在北平成立，王克敏、王揖唐、朱深、梁鴻志、溫宗堯、陳群諸逆爲委員。

9 月 23 日

〔1〕稻葉四郎第六師團攻打富池口要塞。防守南岸霍揆彰第五十四軍第

十八師師長李芳郴，無心戀戰。

日軍攻佔富池口要塞，打破了田家鎮連環防禦體系中的一環。田家鎮、富池口隔江相對，互為依託。富池口一失，田家鎮南面頓失屏障且腹背受敵。

9月24日

〔1〕中日武漢會戰激烈。當日，日軍波田支隊攻佔富池口要塞，中國守軍第五十四軍第十八師經過 8 天頑強抵抗後，師長李芳郴因失守貴池要塞，丟下部隊星夜畏罪棄職潛逃，致使富池口要塞於次日失陷。後由羅廣文任代理師長。第五十四軍各部隊退守富河北岸繼續抵抗。

武漢保衛戰中我軍向敵人發射迫擊炮

9月25日

〔1〕萬家嶺戰役正式打響。當日，日軍第一○六師團留其第一一一旅團一部於南潯路，主力由馬回嶺向萬家嶺方向進發。中國當面守軍為第四軍等部隊。第九戰區司令長官薛岳遵照軍事委員會命令，決定從德星路、南潯路、瑞武路三個方面抽調第六十六軍、第七十四軍、第一八七師、第一三九師 1 個旅、第九十一師、新編第十三師、新編第十五師的 1 個旅、第一四二師、

預備第六師、第十九師與第四軍共同包圍殲滅日軍第一〇六師團。

〔2〕八路軍第三縱隊攻佔定縣城。

萬家嶺圍住日寇孤軍

9月27日

〔1〕日本五相會議決定設立對華中央機關。

9月28日

〔1〕日軍飛機首次空襲昆明。

〔2〕田家鎮要塞在日軍海、陸、空協同猛攻下陷落。當日，日軍第六師團及海軍第十一戰隊從東、南、西三個方向圍攻田家鎮要塞，要塞守軍與其展開混戰。田家鎮守軍李延年第二軍的第九十、第五十七師與日軍鏖戰28個晝夜。蕭之楚第二十六軍、何知重第八十六軍，張義純第四十八軍向日軍側背猛攻，形成夾擊殲敵之勢，但由於田家鎮南岸要塞失陷，日軍以另一部由水道登陸，猛襲北岸要塞之側背，當晚，中國第四兵團司令李品仙下令放棄要塞，田家鎮、象山炮臺、宅山炮臺同時失陷。

9 月 29 日

〔1〕瑞昌、武寧間激戰，我軍殲滅日軍四個聯隊。從九月底起，對敵發起進攻，第六十六軍克石頭嶺，第七十四軍攻佔長嶺、張古山，雙方爭奪酷烈，陣地一天數次易手，敵一三六旅團傷亡慘重。日軍派飛機空運彈藥糧秣救援，又派第二十七師團增援。

1938 年 10 月　我軍失守廣州武漢

10 月 1 日

〔1〕新四軍彭雪楓支隊在河南確山竹溝成立，向豫東挺進。

10 月 2 日

〔1〕張自忠第五十九軍克豫南光山。

10 月 3 日

〔1〕蔣介石對美聯社記者談話指出，美國參預國際事件，與國聯作有傚之合作，對於維護世界和平之重要性。

10 月 5 日

〔1〕據日方公佈：7～9 三個月東北抗日聯軍 1.6 萬餘人，在三江地區與日偽軍作戰 321 次。

10 月 7 日

〔1〕日軍第二十一軍司令部到達馬公島後，三個師團兵力由上海、青島、大連用一百多艘運輸船到馬公集中。由第五艦隊護航出海。

10 月 8 日

〔1〕臺灣爆發反日暴動，遭鎮壓，二百人被殺，四百餘人被捕。

10 月 9 日

〔1〕敵利用長江水道侵入田家鎮以西，在蘄春、蘭溪、巴河、黃岡、陽邏等處登陸，策應廣濟西進之敵，湖北蘄春失陷。

〔2〕第一兵團將敵壓縮在三四平方公里的 3 個村子裏，從四面層層包圍，

發起猛攻；然後由各師挑選奮勇隊、突擊隊，不顧敵機轟炸，奮勇殺敵。雙方為每一個山頭，都展開了激烈的爭奪戰。六十六軍取分進合擊戰術，圍殲萬家嶺敵人。第四軍官兵晚上打赤膊仰攻扁擔山，見穿軍服的日軍就殺，五上五下，奪回了扁擔山。七十四軍兩支突擊隊，血戰 5 小時，攻克了敵主陣地張古山。是役殲敵萬餘人，繳獲 46 門炮、200 餘挺機槍、3000 多支槍和大量的軍用品。時稱「萬家嶺大捷」。

10 月 10 日

〔1〕南洋華僑籌賑祖國難民總會在新加坡成立，陳嘉庚選為總會主席。

〔2〕南潯線左翼（德安）附近我軍獲勝，殲滅日軍 4 個聯隊。

〔3〕蘇聯駐華大使接莫斯科覆電，拒絕中國政府關於訂立互助協定的建議。

10 月 12 日

〔1〕日陸軍第十八師團、第一〇四師團、第五師團的一個旅團共三萬人，從澎湖列島的馬公出航，在第五艦隊海空兵力（含航空母艦加賀號、蒼龍號、千歲號和龍驤號等）的支持下，在廣東省大亞灣的平海、夏湧、澳頭登陸。於午夜佔領淡水。

〔2〕日本近衛首相宣佈中國華南戰爭開始，各國避免援華行動，其軍隊、軍艦、飛機勿在汕頭到北海區域行動。

〔3〕日軍進至欄杆鋪，遭胡宗南部迎擊。日偽軍不敵，退入羅山城。日軍第三師團前來增援，胡宗南部傷亡過眾，乃漸向西撤退。

〔4〕日軍攻佔信陽，長江南岸之敵也大舉進攻。長江北岸之敵乘機西犯，陷蘄春、黃岡，直逼黃陂。

10 月 13 日

〔1〕日軍在大亞灣登陸後，長驅直入。日軍登陸後分頭北犯，當日抵達惠陽城外，並狂炸惠陽。

〔2〕國民政府軍事委員會為了保留繼續抗戰的實力，放棄了死守武漢的計劃。並開始有步驟地分批撤離黨、政和地方政府機關，疏散城內的老百姓。

〔3〕萬家嶺戰役宣告結束。當日，日軍增援的第十七師團步兵團與第一〇二旅團會師，並肩向中國軍隊的阻擊陣地發起猛攻。第九戰區司令長官薛

岳鑒於對被圍的日軍第一〇六師團攻擊難以奏效，加上阻擊部隊和進攻部隊傷亡慘重，決定各部隊撤出戰鬥。在萬家嶺戰役中，日軍第一〇六師團被殲3000 餘人，加上在南潯路等地作戰中的慘重傷亡。該師團已喪失作戰能力，原定與第一〇一師團進攻南昌的計劃破產。

10 月 15 日

〔1〕馬來西亞華僑汽車工人服務隊抵漢口，旋赴八路軍前線工作。

〔2〕在廣東日軍 第十八師團以優勢兵力向惠州發動猛烈攻擊。中國守軍莫希德第八十三軍一五一師稍作抵抗後於當晚撤退，惠州失陷。次日，日軍攻陷博羅，主力向增城突進。

10 月 17 日

〔1〕日侵略軍由蘄春經丁司壋來犯，當日下午 4 時陷浠水縣城。設在儒學內的傷兵收容所 30 餘名傷兵全被殺害，縣城內被殺 100 餘人，柳界公路沿線被殺害 1400 餘人。

10 月 18 日

〔1〕中國軍隊第六十三軍一五三師四五九旅在旅長鍾芳峻率領下，在廣東博{羅}增（城）公路之福田激戰，所部兩面受擊，損失慘重。旅長鍾芳峻拔槍擊斃三名日軍，遂舉槍自戕殉國。部隊退守新塘、石灘。

10 月 19 日

〔1〕湖北大冶、石龍淪陷。

〔2〕日軍連續佔領廣九路上的樟木頭、石龍車站及寶安、增城縣城。

10 月 21 日

〔1〕余漢謀部撤出廣州。全市發生大火。日軍佔領廣州

10 月 22 日

〔1〕日本海軍航空隊的轟炸機編隊（110 架）和第五艦隊的艦艇編隊襲擊廣東省虎門要塞。

〔2〕梅思平由香港到重慶和汪精衛、周佛海等人密商降日條件與辦法。汪派高宗武、梅思平和日方舉行秘密談判。

10月23日

〔1〕日本海軍第三特別陸戰隊的鈴木部隊和陸軍第二十一軍第五步兵師團的阪本支隊，分別在廣東省鼻島和亞娘鞋島（虎門要塞附近）登陸。虎門要塞失陷。

10月24日

〔1〕武漢會戰當日，日軍已對武漢形成東、北、南三面包圍的態勢，日軍「華中派遣軍」司令官畑俊六在九江前方指揮所下達了進攻武漢三鎮的命令。蔣介石決定放棄武漢，部署完畢後正式下達命令放棄武漢，當晚離開武昌飛往衡陽。武漢城內中國守軍按計劃全部撤離市區。

〔2〕韋雲淞第三十一軍、孫桐萱第十二軍所部，扼守武勝關一帶，阻敵南進。最後，因武漢轉進計劃業已策定，所有第五戰區部隊，除留置有力之數部於大別山脈擔任游擊外，其餘均陸續轉進到平漢線以西。

〔3〕同日，「中山」號炮艦在武昌金口赤磯山一帶江面巡防時，被日本飛機擊沉。艦長薩師俊等 25 人殉國。薩師俊為抗戰時期中國海軍陣亡的最高職務者。

中山艦

10 月 25 日

〔1〕日軍波田支隊向葛店發起猛攻，隨之突破守軍郭懺第九十四軍第五十五師的陣地，佔領了葛店。當日凌晨，日軍第六師團先頭部隊推進到了漢口近郊，與中國軍隊留下作象徵性抵抗的第九十四軍第一八五師五四五旅在戴家山（今岱山）附近發生了激烈交戰後，退出戰鬥。今晚 10 時許，日軍先頭部隊第十一軍第六師團第二十三聯隊率先進入漢口城區。

〔2〕廣東日軍連續佔領三水、佛山及黃埔港對岸的長洲島炮臺。

10 月 26 日

〔1〕武漢會戰宣告結束。凌晨 5 時，日軍第十一軍波田支隊從賓陽門突入武昌。次日午後，配屬於波田支隊的日軍第十五師團的第六十聯隊佔領漢陽。至此，中國軍隊保衛武漢的作戰宣告結束，日軍佔領武漢三鎮。全國抗日戰爭開始由戰略防禦階段轉入戰略相持階段。

10 月 27 日

〔1〕宋慶齡、何香凝等人聯合致電國民黨，表示擁護抗戰到底，反對汪精衛主和。

〔2〕廣東東江地區抗日游擊隊開展敵後游擊戰爭。

〔3〕在武漢會戰中，日軍使用毒氣 370 多次，發射毒氣彈 4 萬發以上，造成中國抗日官兵幾千人中毒，中毒率達 80%。僅廣濟一役，日軍施以大量毒氣，致使中國官兵中毒傷亡達 2000 餘人，日軍步兵緊隨毒氣之後突入攻擊，趁中國官兵中毒昏迷喪失抵抗力之際，用刺刀加以殺害。自 1937 年 10 月起，日軍相繼在北平、上海、山西數次投放毒氣彈，造成中國軍民幾百人中毒，嘔吐不止，竟至斃命。1938 年，經徐州會戰、安慶戰役後，日軍充分認識到毒氣戰在侵華戰爭中的價值，加快了進一步實施大規模毒氣戰的步驟。1938 年 8 月，日軍上層編寫的《毒瓦斯用法及其戰例》、《特種發煙筒用法及其成果利用法》、《徐州會戰、安慶作戰特種煙使用戰例及成果》等書，分發給各級指揮官，藉以指導各部實施化學戰教育。在太原、宜昌、南京、漢口、廣州等處設立毒氣製造廠和化學武器裝配廠；在上海、宜昌、太原等地駐紮專門實施毒氣戰的部隊，有野戰瓦斯隊、迫擊大隊和步兵臨時發煙部隊。野戰瓦斯隊、迫擊大隊是日軍專業毒氣部隊，具備極強的毒化能力，主要進行大規模集中的毒氣攻擊。

10月28日

〔1〕參政會第二次大會在重慶開幕，於 11 月 6 日閉幕。決議堅持既定國策，抗戰到底，選出駐會委員 25 人。

〔2〕日軍第九師團攻佔了賀勝橋，第二十七師團佔領了桃林鎮，並切斷了粵漢鐵路。但是，此時中國守軍已經撤到了湘北及鄂西地區，日軍企圖在武漢消滅中國軍隊主力的目的未能得逞。

10月29日

〔1〕日軍第二十一軍完全控制廣州及其附近地區，廣州會戰宣告結束。余漢謀第十二集團軍所部多數未能進行有力抵抗，在退卻過程中付出重大傷亡並丟棄大量軍事裝備。

〔2〕蘇聯售我軍用品數船東來，以粵漢鐵路已受阻，越南各埠又不允卸，乃駛仰光，改由滇緬公路輸入。

10月30日

〔1〕日軍陷汀泗橋。蔣介石抵南昌，批准薛岳兵團撤到修水南岸的計劃。

10月31日

〔1〕蔣介石為軍隊撤離武漢發表「告全國軍民書」。稱：「保衛武漢之戰略目的已達，後方布置亦已完畢，政府本一貫決策，堅持長期戰爭，贏取最後勝利」。

〔2〕秋末，第十九軍為了保住閻錫山在晉西最後據點，與第六十一軍協同作戰。在柳林、臨縣兩山之間消滅日軍 1500 人。

1938 年 11 月　長沙大火損失慘重

11月2日

〔1〕國民政府軍令部以八路軍忠勇奮發，迭予日軍重創，致電朱德、彭德懷，對所有出力部隊傳諭嘉獎。

〔2〕中國抗日將領第四十二軍軍長馮安邦在奉命向襄樊轉移過程中，遭日軍飛機轟炸不幸遇難，終年 54 歲。

11 月 3 日

〔1〕日本政府發表《第二次近衛聲明》，提出日、「滿」、華合作建設「東亞新秩序」。

11 月 5 日

〔1〕中共中央擴大的六屆六中會會發出《給東北義勇軍及全體同胞電》。

11 月 6 日

〔1〕湖北應城、皂市失陷。

11 月 8 日

〔1〕日機猛炸長沙、衡陽。

〔2〕同日，日機 18 架首次空襲成都。

11 月 9 日

〔1〕臨湘失陷。日軍.第四十師團由鄂南方面逐漸向臨湘、岳陽集中，進犯湘北，9 日佔領臨湘縣城，11 日攻陷岳陽縣城。自此，日軍盤踞在新牆河以上的岳陽、臨湘達七年之久，隨時準備攻佔長沙。

11 月 10 日

〔1〕美國總統羅斯福致電蔣介石，對中國人民勇毅抗戰與所受痛苦，表示欽佩與同情。

11 月 11 日

〔1〕岳陽失陷。日軍岡村寧次第十一軍佔領岳陽城，相繼佔領新牆河北岸廣大農村。岳陽縣政府被迫遷往東南部山區朱公橋。

〔2〕蔣介石由南嶽赴韶關，策劃反攻廣州。

11 月 12 日

〔1〕長沙文夕（文是十二日電碼，即十二日夜）大火。岳陽失陷後，長沙警備司令酆悌，省保安處長徐權誤信謠言，以為日軍將至，即決定以警備二團團長徐昆為指揮，於 12 日深夜縱火焚燒市區建築，釀成慘禍，直至 16 日餘燼猶未完全熄滅。長沙大火共燒毀房屋 5 萬棟，死傷 2 萬餘人。

長沙「文夕大火」是和「花園口決口」同樣的悲劇

11月15日

〔1〕山東聊城失陷。山東省政府委員兼行政專員范築先等殉國。

11月16日

〔1〕在湖北我軍進行反攻，克復咸寧。

11月17日

〔1〕桂軍15日收復六安，今又收復合肥。

〔2〕國民政府行政院統計室發表公報，截止10月初，所轄9省共796縣，完整者489縣（61.44%），縣長能在轄境內執行職權者248縣（31.5%），完全不能行使職權者的59縣（7.41%）。

11月18日

〔1〕蔣介石爲長沙縱火案平息民憤，令組織高等軍法會審，嚴懲肇事者。

11 月 19 日

〔1〕日本參謀本部中國課長影佐禎昭，與今井武夫大佐攜《中日關係調整方針》到上海，交高宗武、梅思平並秘密會談。

11 月 20 日

〔1〕日本飛機首次轟炸延安。第二天，日本飛機再次轟炸延安。在連續兩天的轟炸中，日本飛機共投彈 159 枚，炸死炸傷延安軍民 152 人，炸毀房屋 380 間。

〔2〕長沙縱火案經軍事委員會高等軍事法庭會審，結果：長沙警備司令酆悌，警備第二團團長徐昆，湖南省會警察局長文重孚判處死刑，湖南省政府主席張治中革職留任，責成善後。

11 月 23 日

〔1〕日機轟炸西安回民區，死傷 120 餘人。

11 月 24 日

〔1〕粵北中國軍隊進行反攻收復從化，花縣得而復失。

11 月 25 日

〔1〕國民政府軍事委員會召開第一次南嶽軍會議，至 28 日結束。蔣介石在會上確定抗戰已進入第二期，並確定了以「連續發動有限度之攻勢和反擊」，以牽制消耗敵人的戰略。蔣介石還曾提出：「游擊戰重於正規戰」的原則，並決定舉辦西南游擊幹部訓練班。

11 月 26 日

〔1〕日軍攻陷銅陵。日軍宣佈封鎖長江。

11 月 28 日

〔1〕中國國民政府衡山軍事會議結束，軍事委員會重新劃分了第一、二、三、四、五、八、九、十共八個戰區以及魯蘇、冀察兩個敵後戰區，同時部署兵力。當年年底，中國軍隊共擁有 242 個師又 40 個旅（海、空軍和炮兵未計）。

1938 年 12 月　汪精衛投敵叛國

12 月 1 日

〔1〕滇緬公路通車，全長 958 公里。

〔2〕英國政府再次抗議日軍封鎖長江。

12 月 2 日

〔1〕日機 19 架狂炸桂林市區，延燒甚烈，平民死傷數千人。

〔2〕高宗武通知日方：汪精衛承認「上海協定」，預定 12 月 10 日到昆明，再轉河內或香港，近衛在 12 日發表聲明爲適當。

12 月 3 日

〔1〕陝西省西安市伊斯蘭教 4 萬人，爲日軍慘炸國民區西安回民同胞，特發表告全世界伊斯蘭弟兄書。

12 月 5 日

〔1〕瓊崖紅軍游擊隊改編，開展海南島敵後抗日游擊戲爭。

〔2〕晉綏軍第十九軍二〇五旅旅長徐積璋犧牲於晉南聞喜縣將門臺。

12 月 10 日

〔1〕中國軍隊又克復惠陽、博羅、寶安。日本第二十一軍抽出一個師團去華北，兩個師團在廣州一帶周旋。採取守勢，敵我呈對峙狀態。

〔2〕中國國民政府發表聲明，指斥日本政府蓄意毀棄「九國公約」。

12 月 15 日

〔1〕中、美成立桐油借款 2500 萬美元的協定。

12 月 16 日

〔1〕「中英信用借款」成立，首批 45 萬英鎊。

12 月 18 日

〔1〕美國禁止軍用品運日。

12 月 19 日

〔1〕汪精衛逃往河內，周佛海、陶希聖同往。旋即國民政府派正在河內的外交部長玉寵惠見汪，又派陳布雷前往河內勸汪改弦易轍，被汪拒絕。

〔2〕同日，日本外相有田聲言「九國公約」原則已不能無條件應用於東亞之新局，並將限制第三國在東亞行動。

12月20日

〔1〕陳公博自成都飛昆明，轉河內，追隨汪叛國。

〔2〕國民政府外交部駁斥日外相狂言，謂日本圖謀獨霸東亞意圖至為明顯。

〔3〕中英信用借款「第二批為50萬英鎊」。

12月21日

〔1〕南京偽組織梁鴻志、溫宗堯諸逆飛北平，出席所謂聯合委員會第三次會議。

12月22日

〔1〕日本政府發表第三次近衛聲明，重彈日滿華三國應以建設東亞新秩序為共同目標而聯合起來，共謀實現互善友好、共同防共和經濟合作的老調。

12月23日

〔1〕中國國民政府外交部發表聲明，對日本第三次近衛聲明痛加駁斥，認為純係飾詞欺人之談。

12月25日

〔1〕八路軍冀南軍區部隊與日軍3萬餘人在南宮、冀縣、棗強、威縣等地反「掃蕩」作戰2個月，粉碎了敵人的「掃蕩」。

12月26日

〔1〕蔣介石在國民黨中央黨部總理紀念周會上發表演說，題為「揭發敵國陰謀與闡明抗戰國策」，痛斥近衛第三次對華聲明。同日發表「駁斥近衛聲明宣言」。

12月29日

〔1〕桂林遭受日機猛烈轟炸，市區幾全毀。

〔2〕汪精衛在河內發出致蔣介石及中央執委、監委的豔電，要求國民政府根據近衛 22 日聲明提出的「承認滿洲國、共同防共、經濟提攜三原則」，與日本政府交換意見，以期恢復和平。

12月31日

〔1〕美國復照會日本政府，不承認「東亞新秩序」，現行條約決不允許片面廢止。

〔2〕八路軍第一二九師師部率第三八六旅主力進入冀南。第一二〇師主力東進冀中。第一一五師主力挺進山東。

第四章 1939年：隨棗會戰 南昌會 戰 首戰長沙 崑崙關大捷

1939年1月 傅作義部回師綏遠

1月1日

〔1〕國民政府重申嚴懲民族叛逆令。

〔2〕國民黨中央常委會舉行臨時會議決定：汪精衛違害黨國，永遠開除黨籍，並撤銷其一切職務。

〔3〕日機襲擊延安。

〔4〕駐皖南桂軍克復繁昌。

〔5〕美國政府照會日本政府，宣佈不承認「東亞新秩序」。

〔6〕西康省政府正式成立，省會設康定，劉文輝任主席。

〔7〕周作人在北平遇刺。

1月2日

〔1〕蔣介石電雲南省府主席龍雲，說明中央對汪兆銘案處置經過，希勗勉所部，洞察姦人陰謀，堅守國策，勿稍搖惑。

〔2〕晉敵自吉縣西犯，與我隔河炮戰。

〔3〕上海敵之內河航輪因我軍襲擊，悉停駛。

〔4〕滬杭路被我破壞不通。

1月3日

〔1〕晉西我軍大舉反攻。晉豫戰場晉軍收復吉縣、大寧，西北軍收復風陵渡。日軍大舉進犯中條山失利。3月日軍調新編成的日軍第三十五師團（師團長前田治中將）從新鄉沿道（口）清（化）鐵路向西進攻。佔領沁陽、濟源縣城後，向沁陽北部的校尉營、西萬、萬善、盆窯等一帶集結，妄圖打通豫晉通道，以完成對八路軍太行軍區、太岳軍區和該地區國軍的包圍，進而分割、蠶食、摧毀我晉冀豫抗日根據地。

〔2〕高級將領陳誠、龍雲、薛岳等通電擁護領袖，抗戰到底，並主制裁汪兆銘。

1月4日

〔1〕敵近衛內閣以對華作戰困難，媾和不成，國際形勢惡劣，全體總辭；平沼騏一郎組閣，有田八郎續任外務大臣（近衛之去，實受蔣委員長上月二十六日講演之打擊）。軍部向平沼提出條件，強化動員法，達成侵華目的（近衛改任不管部大臣）。

〔2〕汪兆銘函覆孔祥熙，決於適當條件下，以謀和平。

〔3〕美總統對國會演說，抵抗侵略國家，如坐視他國被侵，必自蒙害，民主國家應行聯合。

1月5日

〔1〕中共中央書記處發出《中央關於汪精衛出走後時局的指示》，指出：我們的任務是堅決打擊賣國的漢奸汪精衛和一切投降反共活動。

〔2〕河北我軍克蠡縣。

〔3〕李宗仁、白崇禧及張發奎、余漢謀電請通緝汪兆銘。

1月6日

〔1〕1月1日失守的豫東鹿邑，今日被國民革命軍第二軍豫東遊擊總隊收復。

〔2〕皖南前日失守的宣城，今日收復。

1月7日

〔1〕冀南抗日根據地軍民開展春季反「掃蕩」。

〔2〕晉西我軍克復大寧。

1月8日

〔1〕汪精衛再度發表所謂「和平」的投降宣言。

〔2〕晉西我軍大捷，晉軍克復吉縣。

1月11日

〔1〕新任第一戰區司令長官衛立煌自晉到洛陽就職。

〔2〕我游擊隊出現廊坊，拆斷平津交通。

1月12日

〔1〕蘇北我軍在淮陰西之大於集大捷，斃敵九百餘。

〔2〕我空軍飛揚州炸敵軍火。

〔3〕廣州敵軍北犯。

〔4〕晉西南東禹門激戰。

〔5〕敵機襲桂林、北海、衡陽、株洲。

1月13日

〔1〕我空軍炸湖北黃陂敵軍火庫。

〔2〕山西靈石偽警全體反正。

1月14日

〔1〕八路軍政治部主辦的《八路軍軍政雜誌》在延安創刊。

〔2〕西北軍的孫蔚如部攻克風陵渡。

〔3〕英國政府照會日本政府，聲明英國堅守「九國公約」原則，對任何以武力造成的狀態，決不接受或承認。

〔4〕美國政府宣佈禁止對日飛機及部分材料輸出。

1月15日

〔1〕日機轟炸潼關、貴縣

〔2〕同日，日機27架襲重慶。

1月16日

〔1〕在綏遠第三十五軍克復薩縣及包頭南之大樹灣。

1月17日

〔1〕湖北日軍進犯天門、京山。

〔2〕顧維鈞在國聯行政院會議演說，要求制裁日本侵華，請求國聯組織委員會施行各方案。

1月19日

〔1〕日本大本營發布攻佔中國海南島的命令。

1月20日

〔1〕蔣介石繼汪精衛擔任國民參政會議長。

〔2〕國聯理事會決定援助國民政府。

〔3〕日本大本營公佈，自侵華戰爭以來，共損失飛機1010架。

1月21日

〔1〕國民黨五屆五中全會在重慶開幕，至 30 日閉幕。會議決定設置國防最高委員會，由蔣介石任委員長，張群任秘書長。並通過《限制異常活動辦法》，議決成立「防共委員會」。自此，國民黨確定政策重點從對外轉向對內，制定了一整套「剿共」、「防共」、「限共」、「反共」的具體政策。

〔2〕日軍迂迴部隊及川支隊進攻從化、花縣，以圖截斷廣州至韶關間 聯繫。今日，花縣陷落

1月22日

〔1〕日軍大舉進犯中條山敗北。

〔2〕天津大沽日軍發動反戰嘩變。由華東、華南等地準備回國的 3000 多日軍士兵，乘船到達天津大沽口時，日軍大本營臨時改變計劃，決定讓他們在大沽口下船，然後換乘火車開赴山西前線，進攻八路軍。日夜盼望回到家鄉的日軍士兵，感覺受了欺騙和愚弄，隨即發生了日軍侵華史上最大的一次嘩變。雖然嘩變被鎮壓了下去，但在日軍中卻引起了很大的震動。

1月23日

〔1〕我空軍飛廣西潿洲島炸傷日軍艦 3 艘。

1月24日

〔1〕中英簽訂關於開闢中國西南與緬甸通航條約。

〔2〕中共中央致電國民黨五中全會及蔣介石，指出在日本陰謀分化我國內部之際，必須鞏固和擴大抗日民族統一戰線。

1月31日

〔1〕八路軍第一二九師收復遼縣。

〔2〕一月份傅作義率部由山西河曲又進入綏遠，到達河套地區，就任第八戰區副司令長官。

1939 年 2 月　日軍登陸海南島

2月2日

〔1〕八路軍第一二○師一部收復任邱縣。國軍收復冀南地區威縣。

2月4日

〔1〕日軍宣佈封鎖珠江。

〔2〕日機濫炸貴陽，城內精華盡成灰燼，人員傷亡甚多。後並襲萬縣。

2月5日

〔1〕我空軍轟炸運城日軍機場，毀敵機 40 餘架。

2月7日

〔1〕《新中華報》改爲中共中央機關報，由五日刊改爲三日刊。

2月9日

〔1〕中國空軍炸蕪湖日軍軍艦，毀敵機 1 架。

〔2〕陝甘寧邊區第一屆參議會在延安正式開幕，2 月 4 日閉幕，選高崗、謝覺哉、張邦英爲正副議長。

2月10日

〔1〕高宗武奉汪精衛之命抵東京，與敵勾結。

〔2〕日寇侵佔中國南海南沙後，日本陸軍第二十一軍的臺灣旅團飯田支

隊在第五艦隊的支持下，在廣東省海南島天尾港（澄邁灣、海口以西）登陸，海口市失陷。隨後又佔領海南島北部的瓊山、文昌、安定等縣。

2月11日

〔1〕蔣介石對外國記者發表談話，認為日軍侵佔海南島，無異是太平洋上之「九一八」。

〔2〕日軍兩萬餘人向永濟、虞鄉一帶第四集團軍第四十六旅進攻。

2月12日

〔1〕日本海軍橫須賀鎮守府第四特別陸戰隊、吳港鎮守府第六特別陸戰隊和佐世保鎮守府第八特別陸戰隊在海南島三亞地區登陸，佔領榆林港為其南進之海軍基地。當時海南島只有保安部隊駐防，難以抵抗日軍進攻。保安司令王毅率部撤到五指山地區進行游擊戰。

2月13日

〔1〕東北義勇軍領袖李杜宣稱，最近三個月來東北游擊隊與日軍作戰達300次。

〔2〕法國、英國駐日大使同時向日本政府質問日軍侵佔海南島事。

2月15日

〔1〕日機空襲長沙，被中國空軍擊落8架。

〔2〕中國「西南游擊幹部訓練班」在衡山正式開學。該訓練班在南嶽軍事會議期間由蔣介石正式決定舉辦，以中共派員講授課程，此舉為貫徹第二期抗戰（持久戰階段）指導方針的一項重要措施。第一期學員1046人，來自軍事委員會機關、中央軍校、各戰區及地方黨政機關等，包括了許多國民黨軍隊的中高級將領。訓練班每期三個月，教學工作主要由葉劍英主持。其中葉劍英親自講授《游擊戰概論》，每周兩次，而周恩來也向學員作了《中日戰爭之政略與戰略問題》的長篇報告。

2月19日

〔1〕偽維新政府外交部長陳籙在上海被刺斃命。

〔2〕世界反侵略運動代表大會通過「援華制日案」。

2 月 20 日

〔1〕日空軍襲擊蘭州，被中國空軍擊落飛機 9 架。

2 月 22 日

〔1〕日機狂炸襄陽、荊門。

2 月 23 日

〔1〕周恩來到雲嶺新四軍軍部傳達黨中央關於發展游擊戰爭、發展人民抗日力量的指示，並商議新四軍向南鞏固、向東進攻、向北發展的方針。3 月 15 日離雲嶺。

〔2〕日機再次襲蘭州，被擊落 6 架。

2 月 26 日

〔1〕日軍萬餘人分六路進犯晉西北抗日根據地，是日，前鋒直達黃河東岸軍渡、磧口。除興縣外，所有縣城全部被日軍侵佔。八路軍第一二〇師主力與決死縱隊苦戰月餘，將日軍擊退，所失縣城除寧武、河曲、靜樂外，全部收復。

2 月 28 日

〔1〕蘇北淮陰淪陷。南京淪陷後，江蘇省政府曾遷移至此。

〔2〕八路軍第一一五師一部東進，發展和鞏固冀魯豫邊抗日根據地。

1939 年 3 月　中日南昌會戰開始

3 月 1 日

〔1〕日軍開始進攻八路軍晉西北抗日根據地。

3 月 5 日

〔1〕山西靜樂陷落。

〔2〕晉軍第十九軍及六十一軍仍為保衛吉縣一帶與日軍周旋，襲擊三堠鎮日軍據點。

3 月 6 日

〔1〕鄂中鍾祥淪陷。

3月8日

〔1〕晉西北八路軍第一二○師部隊克嵐縣。

〔2〕國民政府軍委會部署南昌會戰。

3月10日

〔1〕蔣介石電衛立煌，指示襲擊開封與打擊日寇計劃；並電李宗仁嚴督李品仙部向襄河以東，廖磊部向平漢以西地區猛進，攻擊日軍側背。

3月11日

〔1〕豫北濟源淪陷。

3月16日

〔1〕贛北中國軍隊克復大磯山。

3月17日

〔1〕日軍進攻江西永修吳城。同時，永修方向的日軍在涂家埠北觀音渡等處強渡，在毒氣彈和炮火的掩護下進攻中國軍隊陣地。因日軍炮火猛烈，又施放毒氣彈，中國軍隊許多官兵中毒，觀音閣等陣地被日軍突破。至 3 月 23 日吳城失守。

3月18日

〔1〕延安西北青年救國會常委會決議，定 5 月 4 日為中國青年節，建議全國是日舉行紀念活動。

〔2〕中日南昌會戰前哨戰打響。當日，日軍第一一六師團村井支隊（由一一九旅團和數個大隊分編而成）乘軍艦在鄱陽湖西岸的吳城附近登陸，並向中國守軍發起進攻，遭到中國第三十二軍等部的頑強抗擊。經過四天的苦戰，日軍未能突破守軍陣地，遂於 23 日晨在飛機炮火支持下，向守軍陣地投放燃燒彈、毒氣彈，造成守軍重大損失並使之後撤。

〔3〕同日，日軍「華中派遣軍」第一○一、第一○六師團主力及炮兵、戰車部隊向修水北岸推進，分別佔領出發地域。

3月19日

〔1〕國民政府軍委會政治部副部長周恩來巡視浙江、安徽兩省。

3月20日

〔1〕朱德被蔣介石任命爲第二戰區副司令長官。

〔2〕中日南昌會戰打響。當日16時30分，日本第十一軍以炮兵第六旅團爲主力，向修水南岸中國第四十九軍、第七十九軍陣地進行猛烈炮擊，進行進攻前的火力準備。日軍炮火中夾雜大量毒氣彈，造成第七十六師師長王凌云以下大批官兵中毒。經過三個小時炮擊後，日軍第一○一、第一○六師團發起攻擊。至次日，日軍突破守軍防線，並在修水南岸佔領灘頭陣地，並以戰車部隊爲先鋒繼續向南突擊。日軍重炮第六旅團在澄田睞四郎指揮下，在修河各渡口進行炮轟。南岸守軍炮兵還擊，進行激烈炮戰。日軍第一○一、第六、第一○六三個師團，同時在虬津渡、涂家埠、箬溪渡河，向我王凌雲七十六師、王鐵漢一○五師、傅立平一四二師及第七十二軍、第八軍進行攻擊。

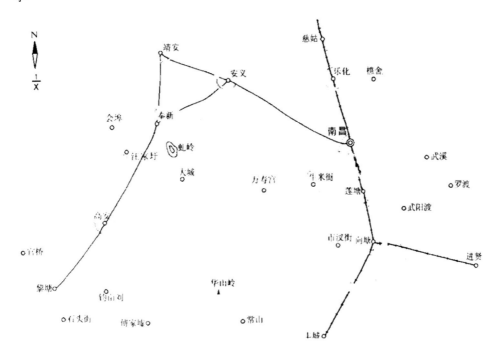

南昌會戰形勢示意圖

日軍在南昌會戰中大量使用毒氣

3月21日

〔1〕汪精衛在河內遇刺未中（汪精衛秘書曾仲鳴誤被擊斃）。

〔2〕日軍增派戰車集團加入一○六師團，渡過修河，對五穀嶺守軍攻擊。

3月22日

〔1〕中國空軍炸廣州日軍機場。

〔2〕日軍五千人沿張茅（茅津渡）大道攻擊第四集團軍第十七師陣地，主力埋伏在聖人澗一帶，經逆襲敵軍潰退。

〔3〕南昌會戰當日，日軍以戰車部隊為先鋒，突入南昌西面的奉新南門外，中國守軍措不及防，丟棄陣地上的38門火炮匆忙撤退。次日，日軍佔領奉新。

侵華日軍燒殺淫掠

3月23日

〔1〕贛北日軍侵入安義，日軍第一〇一、第一〇六師團攻陷萬家埠、奉新，並向高安、安義前進。23日贛北日軍侵入安義，逼近南昌。第一一六師團，海軍陸戰隊一部，配上大、小軍艦三十餘艘、汽艇五十多艘、飛機多架，從鄱陽湖北面撲來，對吳城守軍施以立體包圍。守軍預5師和第32軍一個團拼死抵抗，所有預備隊都拉到第一線作戰，仍無法阻擊優勢日軍的猛烈進攻，全城被日軍炮火和飛機炸成一片廢墟。吳城失守。

〔2〕閻錫山在宜川縣秋林召開軍政高幹會議，閻錫山等人在會上提出取消新軍政治委員，縮小專員職權，以同志會代替犧盟會，限制群眾運動等議案，雖遭新軍領導人薄一波、續範亭、韓鈞等人反對，會後仍堅持實施其反動政策，致以釀成「晉西事變」。

3月24日

〔1〕中英外匯平準基金會成立。

3月25日

〔1〕中、日軍隊激戰於贛北萬家埠及武寧，敵陷奉新。

〔2〕日軍第六師團和軍直轄炮兵、戰車、騎兵各一部，在飛機的掩護下，由箬溪向武寧東北守軍第七十三軍、第八軍兩軍進攻。激戰九晝夜，雙方死傷慘重，日軍第六師團之四十七聯隊被全殲。在棺材山的大規模肉搏戰中，中國軍隊之第八十九團生還者僅五人，餘皆壯烈犧牲！

〔3〕蔣介石電美國羅斯福總統，請注意中立法修正案中對侵略國與被侵略國應有之區別。

3月26日

〔1〕日軍已經渡過贛江，戰車隊已經到達南昌西贛江大橋，作進攻南昌的準備，贛江大橋已被守軍炸毀。

〔2〕第一〇一、第一〇六師團數萬人，在兩百多門大炮的怒吼聲中，強度修水河，突破守軍防線，鋪天蓋地朝南昌掩殺過來。3月26日，日軍迂迴包圍了南昌城，並在南昌城和市郊與中國第三十二軍一部、南昌市警備隊展開激烈巷戰和爭奪戰。全城火光衝天，狼煙四起，喊殺聲震天。大街小巷，無處不在展開慘烈的肉搏戰。

3月27日

〔1〕日軍一〇一師團從南北兩個方向進攻南昌。由於日軍以迂迴方式突然進抵南昌城下，中國守軍（第三十一軍以及第二十九軍第一〇二師各一部）兵力火力單薄，在巷戰中傷亡慘重，被迫撤出南昌。日軍佔領南昌後，日軍在市區和近郊燒殺掠搶、姦淫婦女，犯下了滔天罪行。有許多無辜的群眾遭到殘殺，在章江門、廣潤門、中正橋（現八一大橋附近）一帶，屍體遍臥，肝腦塗地，血聚成窪，慘不忍睹。日軍繼續侵佔新建、安義、進賢等四座縣城也慘遭日寇的蹂躪。南昌縣瓜山的「白骨坑」、向塘的「萬人坑」等，都是日軍暴行的鐵證。日軍第六師團亦佔領靖安、武寧。東起鄱陽湖至奉新、武寧、高安一線與中國第三、第九戰區對峙。

日軍攻入南昌火車站

3月29日

〔1〕汪精衛第三次發表投降聲明。

3月30日

〔1〕贛北高安附近國軍與日軍展開激戰。在三路日軍會攻南昌之時、第九戰區第二十六集團軍總司令周喦指揮本部十一個師，和關麟徵第三十七軍，對湘東北和鄂東南岳陽、臨湘、崇陽、通山地區之敵，主動出擊，意在牽制日軍兵力。雖斃傷日軍約三千人，但無法救南昌之危。

〔2〕日本政府宣佈中國的東西沙群島歸日本佔有。

〔3〕日軍華北方面軍制定《治安整頓綱要》。

1939年4月　中國軍隊反攻南昌失利

4月1日

〔1〕日寇侵佔南沙，佔領中國南海南沙群島（斯普拉特利）群島。

4月2日

〔1〕日軍一○六師團由奉新攻向高安，王耀武第五十一師進行抵抗後撤退，高安被佔領。

〔2〕粵南我軍克復江門。

4月3日

〔1〕晉南范漢杰第二十七軍所屬第四十五師為主攻，第四十六師、預備第八師配合連續攻克安澤、良馬，部隊抵日軍集中的長子縣，已進入日軍軍力比較雄厚的上黨盆地平川地帶。

4月4日

〔1〕國民政府軍事委員會下令封鎖寧波、鎮海港口。

4月5日

〔1〕廣東中國軍隊克新會。

〔2〕汪精衛與日本首相平沼騏一郎秘密簽訂亡華協定陰謀暴露。

〔3〕日軍第六師團一部，到達武寧修河南岸。

4月6日

〔1〕偽皖北綏靖司令路家雲率部反正，並作為內應配合國軍進攻懷遠縣城。

4月8日

〔1〕我軍一度克復高安。

4月9日

〔1〕汪精衛發表「告國人書」，主張投降。

4月10日

〔1〕孫桐萱第三集團軍一度攻入開封。

4月12日

〔1〕美國國會議員主張對華勿用「中立法」。

4月13日

〔1〕國民政府發行軍需公債6億元。

〔2〕四月份中國第四集團軍、第五集團軍、第十四集團軍在中條山戰區向日軍進攻。

曾攻擊夏縣、解縣、聞喜、絳縣、翼城、浮山、橫嶺關等處日軍。殺傷日軍三千餘人，中國傷亡四千餘。

4月14日

〔1〕日海軍陸戰隊進犯同安澳頭，被守軍保安縱隊第六團擊退。

4月15日

〔1〕新四軍機關刊物《抗敵》月刊在皖南涇縣創刊。

4月17日

〔1〕蔣介石發表廣播講演「精神總動員與第二期抗戰意義」。同日又對中外記者發表談話，嚴斥投降理論。

〔2〕軍事委員會下達反攻南昌命令。蔣介石任命第十九集團軍總司令羅卓英將軍為反攻總指揮。反攻部隊分為左、中、右三路。左路由第一集團軍代總司令高蔭槐指揮第五十八、第六十兩軍，向靖安、安義、奉新之敵進攻。並負責切斷日軍後方交通線。中路以宋肯堂第三十二軍等部，沿贛江西岸北上，直取南昌。並以一部在西山牽制蚰嶺、生米街、牛行之敵，切斷西山周圍日軍的交通線。右路由俞濟時第七十四軍東渡贛江，從東面進攻南昌。

4月18日

〔1〕日軍大本營以「大陸命」第289號批准華中派遣軍，在4、5月間可在漢口西北正面，暫時實施越過現作戰地區作戰（隨棗會戰）。

〔2〕汪精衛與日本特務影佐等唔談。

4月19日

〔1〕英國駐華大使卡爾抵重慶。

4月20日

〔1〕日軍下達襄東作戰（隨棗會戰）的「準備命令」。

4月21日

〔1〕中共中央發出《關於發展中華武裝力量的指示》，指出：華北的中心任務是鞏固工作，華中是我黨發展武裝力量的主要地區。在戰略上，華中要成爲聯繫華北、華南的樞紐，關係整個抗戰，前途甚大。

〔2〕中國各戰區部隊在發動春季攻勢中，第三、第九戰區奉令反攻南昌。21日，由第九戰區前敵總司令兼第十九集團軍總司令羅卓英統一指揮，集中第一、第十九、第三十集團軍和第三戰區第三十二集團軍主力部隊，約10個師兵力，開始進行反攻南昌作戰。武寧方面，第三十集團軍第七十二、第七十八軍在修水兩岸向日軍第六師團發起攻擊三路大軍開始反攻。第四十九、第七十四軍等部自南昌西南方開始進攻，激戰十餘日，未能接近市郊；第七十四軍亦未能渡過贛江。高蔭槐第一集團軍所部向南昌西北方進攻，惡戰十多天，也未能接近南潯鐵路線。

4月23日

〔1〕日本宣佈吞併中國南海之東沙、西沙、團沙諸群島島嶼。

〔2〕中國第三戰區上官雲相第三十二集團軍繼第九戰區後也開始反攻南昌。三十二集團軍以第二十九軍之何平十六師和蔣超雄預備第十師一部由贛江與撫河中間，從南昌正南方進攻，該部攻勢十分勇猛，很快攻抵南昌市郊。日軍調動大批飛機助戰，敵機群對市郊反攻部隊進行瘋狂掃射轟炸。

〔3〕齊會戰鬥。河北河間日僞軍一部1000餘人進犯齊會，八路軍第一二〇師主力在賀龍指揮下，集中主力7個多團的兵力激戰至25日，在河間齊會村取得殲滅日軍第二十七師團第三聯隊吉田大隊的勝利，共殲滅日軍700餘名，生俘日軍7名，繳獲步槍200餘支，輕重機槍20餘挺，山炮1門，取得齊會大捷。

4月25日

〔1〕英國大使卡爾在重慶發表談話，否認調和之謠。

4月26日

〔1〕中國軍隊反攻進入南昌市郊。作為攻擊主力的第二十九軍第七十九師在師長段朗如指揮下攻破日軍防線，攻入市郊的南昌新機場，先期潛入市區的預五師便衣團則開始突擊日軍機關和兵營，與第一○一師團展開激烈巷戰。但由於第七十九師等部隊缺乏重武器支持，無法突破日軍市區的堅固防禦陣地。

〔2〕同日，中國第七十四軍五十一師攻佔高安之白石嶺，斃敵 800 餘，另攻擊南昌附近之謝埠。高安城內殘敵肅清，奉新、靖安被我軍圍攻。

4 月 27 日

〔1〕南昌戰場日機狂轟濫炸，並施放毒氣；日軍增援部隊突破阻擊。雙方主力在蓮塘血戰，反覆爭奪，在水網地帶受阻，七十九師傷亡慘重。

4 月 28 日

〔1〕七十九師師長段朗如因部隊傷亡過大，於當日夜間改變進攻部署，並發電報向軍部及第三十二集團軍作了報告。組織突擊隊襲擊南昌。因違背總司令上官雲相意圖，視為貽誤戰機。5 月 1 日，蔣介石下令以貽誤戰機罪將段朗如「軍前正法」被處決。（另一說是總司令上官雲相公報私仇，在敵未增兵時段師長主張進攻，上官雲相則猶豫不決，為此段師長和上官頂了嘴。後敵大量增兵，進攻無疑要失敗，才下令進攻。此時戰機已失，段師長為此又頂撞了上司，後雖七十九師浴血奮戰，傷亡慘重，但還是失敗。因此，段師長順理成章地成了冤魂）。

4 月 30 日

〔1〕日機炸湖南寶慶辰溪

〔2〕李宗仁向第五戰區各部隊發出作戰命令，進行隨棗會戰的部署。

〔3〕日軍為了鞏固其武漢外圍，華中日軍集結第三、第十三、第十六三個師團，騎兵第四旅團及第六師團一部共十餘萬兵力，配以輕重炮二百餘門，戰車百餘輛，於鄂西北地區，分由鄂南、鄂中、豫南三路進犯隨縣、棗陽。我軍作了應對部署，隨（縣）棗（陽）會戰開始。

〔4〕今日敵軍第三師團向我駐郝家店、徐家店覃連芳第八十四軍一七三師和一七四師開始攻擊，我軍退守塔爾灣陣地，節節抵抗，逐次向隨縣方向轉進。

1939年5月　中日隨棗會戰和常平阻擊戰

5月1日

〔1〕中日隨棗會戰開始。當日拂曉，駐鍾祥、京山方向的日軍第十三、十六師團及騎兵第四旅團在飛機、坦克的支持下，向我張公廟、樓子廟之張自忠第五十九軍一八０師、馮治安七十七軍三十七師陣地攻擊，後與三十八師接觸。日軍在此次戰役企圖殲滅中國第五戰區主力部隊。

〔2〕中國第二十九軍向南昌的反攻再度受挫，何平指揮的第十六師一度收復沙潭埠，但在日軍第一○一師團反擊下又被奪去。

〔3〕國民革命軍第40軍39師115旅旅長黃書勳奉命率部阻擊日軍來犯沁陽。分別在東（常平——碗子城）西（窯頭——關爺坡）兩線阻擊日寇。5月1日，東線五路日寇同時發動進攻，遭遇我方抗日官兵沉重打擊，鬼子遺屍滿坡，一次次落荒而逃。經過數日強攻、偷襲，日寇未能攻下常平山口。最後，日軍孤注一擲，傾巢出動，調來3架飛機助戰，常平山口失守，雙方在常平村展開了一場短兵相接的肉搏戰。日寇死傷近千人，我方也傷亡慘重，副旅長史振京陣亡。經過激戰，在久攻不破之後，鬼子向我關爺坡陣地發射了毒氣彈，大部分戰士被毒氣窒息死亡。

5月2日

〔1〕鄂北豫南敵大舉進犯襄樊以東地帶。今向我第十三軍攻擊，被阻止。向八十四師塔爾灣陣地攻擊之敵，濫用毒氣，我軍損失慘重，放棄原陣地，退守溳水，在西岸設防，阻敵西進。

〔2〕第一○二師在師長柏輝章指揮下，收復向塘、市議街。

5月3日

〔1〕八路軍後方留守處主任蕭勁光致電蔣介石，抗議隴東反共磨擦事件。指出：隴東自鍾成專員到任以來，糾紛突起，要嚴令制止。

〔2〕日機對重慶進行大規模空襲。

5月4日

〔1〕日機從昨日起連續轟炸重慶（3日，45架次），市內發生大火，市民死亡4400餘人，受傷3100餘人，房屋被炸毀1200餘幢，災害慘重。

〔2〕敵進攻我隨縣北天河口，我湯恩伯第三十一集團軍阻止其前進。

〔3〕第二十九軍軍長陳安寶指揮第二十六師、預備第五師、第七十九師三個師繼續進攻南昌。

5月5日

〔1〕汪精衛在日本政府派往河內迎接他的專使影佐和犬養健布置下，從河內潛往上海。

〔2〕新四軍江北指揮部在廬江東湯池成立，張雲逸兼指揮。

〔3〕預五師中午到達江門橋，午夜接近南昌外圍，破壞了鐵絲網。二十六師一五二團突進南昌新龍機場，擊毀飛機三架，一五五團突進到火車站。

5月6日

〔1〕重慶各報因日機濫炸，社址及設備大部被毀，全市 10 家報紙：中央日報、大公報、時事新報、掃蕩報、國民公報、新蜀報、新民報、商務日報、西南日報、新華日報出聯合版在山洞中編印。至同年 8 月 12 日結束。

〔2〕隨棗戰場敵我激戰於隨縣厲山、江家河一線。

〔3〕七十九師師長段朗如被捕後，上官雲相令第二十九軍軍長陳安寶兼七十九師師長，奉命率七十九師在無奈的情況下攻擊蓮塘、南昌之敵。日軍增援部隊到達，戰況愈烈，部隊潰退下來。左翼第二十六師亦傷亡慘重，師長劉雨卿左腿負傷。下午 5 時，在龍里張方面與日軍展開白刃格鬥，陳安寶帶領隨從官兵數人冒著猛烈的炮火趕往督戰，不幸身中數彈殉國，軍參謀長徐志勗決定突圍。已經攻入市內的部隊，因無後續力量接應，亦被迫退出。

5月7日

〔1〕晉察冀邊區八路軍在河北易縣連續取得大龍華、上、下細腰澗伏擊日軍戰鬥的勝利。殲滅日軍 1000 餘人。

〔2〕日軍攻陷隨縣、棗陽。

5月9日

〔1〕我第五戰區長官部退駐谷城石花街。

〔2〕南昌一線的中國軍隊停止反擊，10 日撤至贛江以東及撫河兩岸地區與日軍對峙，南昌戰役至此結束。在南昌戰役中，第二十九軍陳安寶軍長在

戰鬥中壯烈殉國。此次會戰，日軍傷亡共計：二萬四千餘人；中國軍隊傷亡總計：五萬一千三百七十八人。

〔3〕第八十四軍到達唐河附近，奉令即在唐河、南陽之間選擇陣地，阻止北進之敵。第十三軍一部也在泌陽附近佔領陣地，準備迎敵，隨後第二集團軍到達南陽。敵因輕裝突進，補給困難，敵不住中國軍隊的內外夾擊，至18日開始總退卻。中國軍隊乘勝追擊，失地乃告收復。

5月10日

〔1〕敵一部由豫南竄到棗陽北，另一部佔領新野，直指襄樊。

5月11日

〔1〕日蘇軍隊在中國東北諾門坎地區發生衝突，此事件也稱哈勒欣河事件。

5月12日

〔1〕日機襲重慶，被擊落3架。

〔2〕由信陽出發之敵攻陷桐柏、唐河兩縣。位於棗陽以東之我軍向北撤，留置劉和鼎第三十九軍於大洪山；第十三軍於桐柏山。另令襄河南岸我軍截擊敵後方；調孫連仲第二集團軍從保安砦、西興集向南陽、唐河大舉反攻，夾擊敵人。

5月13日

〔1〕敵軍經我夾擊，開始向平漢線及鄂中撤退。連日來，我軍次第收復桐柏、新野、南陽、唐河。

5月17日

〔1〕我左翼兵團克復棗陽。除隨縣外，我軍恢復原態勢，隨棗會戰結束。

〔2〕英、美、法海軍陸戰隊聯合在中國鼓浪嶼登陸，日軍撤退。

5月20日

〔1〕日本海軍第一根據地的第一特別陸戰隊在浙江省舟山群島的岱山島登陸。

〔2〕日軍第二十師團、第二十七師團主力由運城、解縣及張店鎮分路南

犯。一度佔領平陸、茅津渡。經我軍迂迴側擊，將日軍擊退。唐淮源第三軍向稷王山、天井關、禹王廟日軍襲擊，予敵以重創。

5 月 21 日

〔1〕英、美照會日本政府不容變更上海租界組織。

5 月 25 日

〔1〕日機襲擊重慶，被擊落兩架。

〔2〕東北抗聯第三路軍成立，由抗聯第三、六、九、十一軍組成，李兆麟任總指揮，馮仲雲任政委，活動於黑龍江省北部各地。

〔3〕汪精衛率周佛海、梅思平、高宗武由上海乘機赴日本進行訪問。

1939 年 6 月　日軍登陸浙江定海廣東新進港

6 月 1 日

〔1〕魯中沂蒙山區軍民展開反「掃蕩」作戰

〔2〕新四軍東進縱隊一部夜襲上海近郊的日軍虹橋機場，毀敵機 4 架。隨後將根據地擴展到太湖沿岸。

〔3〕新四軍蘇皖支隊由鎮江地區渡江進入揚中、儀徵、泰州，開始創建蘇中抗日根據地。

6 月 6 日

〔1〕孫科與米高揚在莫斯科談判中蘇商約。孫科將蔣介石函交米高揚轉斯大林，盼中蘇合作。

〔2〕日本五相會議決定「中國新中央政府」方針，使之成為「一個親日的政治機構」。

〔3〕今日，日軍又是由第二十師團、第二十七師團分九路向孫蔚如第四集團軍駐地平陸及太陽渡進犯。經我軍迂迴側擊，將日軍擊退，恢復原陣地。雙方均損失慘重

6 月 8 日

〔1〕中國國民政府明令通緝汪精衛。

6月10日

〔1〕蔣介石面見周恩來、葉劍英，言謂：共軍應信守諾言，服從政府命令，執行國家法令，解決各地糾紛。

6月11日

〔1〕日機分襲渝、蓉兩城，被擊落5架。

〔2〕同日，發生河北深縣國共衝突。河北保安司令張萌梧襲擊深縣八路軍後方機關，慘殺八路軍及後方人員400餘人。

6月12日

〔1〕日軍派出強大的機群對諾門坎的蘇蒙軍的陣地進行突擊，蘇聯空軍大批戰鬥機迎戰，雙方爆發規模空前的空中戰鬥。

〔2〕平江慘案。第二十七集團軍總司令楊森部特務營搜擊新四軍平江通訊處，慘殺徐正坤主任、羅樟銘少校等全體工作人員6人。

6月13日

〔1〕日海軍吳港鎮守府特別陸戰隊等兵力在山東石臼所地區登陸。

〔2〕中蘇兩國政府在莫斯科簽訂《關於使用一億五千萬美元貨款條約》，規定蘇聯政府貸款1.5億美元給中國政府，以供購買蘇聯軍火、汽油和其它工業用油；中國則以茶、鎢等售價償還。

6月14日

〔1〕國軍收復湖北禮山（今大悟）、岳口。

〔2〕范漢杰第二十七軍四十六師攻克晉南垣曲、沁水。其工兵營堅守垣曲團城立功。

〔3〕侵華日軍華北方面軍參謀長山下奉文下令封鎖天津英法租界。

6月16日

〔1〕『中蘇通商條約』在莫斯科簽字。

6月17日

〔1〕豫北常平阻擊戰，少數幸存人員在黃旅長帶領下撤出陣地。主力撤出陣地，留下一個排做掩護，這個排堅守碗子城同鬼子展開血戰，從拂曉激

戰到太陽落山，子彈打光了就用石頭砸鬼子，他們最後把僅有的手榴彈捆在一起，待鬼子逼近時猛然拉開導火線，與鬼子同歸於盡。「常平阻擊戰」是中國軍隊以一個旅的兵力，對抗日軍一個裝備精良的師團，進行的一場華北地區最大、最慘烈的一次戰役。3000 餘名抗日將士血灑疆場，2000 多名日寇拋屍山野。雖然參戰的將士大都犧牲了，但是阻擊敵人的作戰目的達到了，他們給日軍以重大殺傷，減輕了八路軍晉冀豫太行山根據地的作戰壓力，為根據地做好抗擊日軍的第二次「九路圍攻」爭取了時間。旅長黃書勳積勞成疾 1940 年 12 月 1 日，病卒於軍，葬於林縣。夫人儀卿，在丈夫死後殉節。留下二子，一女，由在西安經商的叔父黃書馨撫養成人。

6 月 20 日

〔1〕日海軍吳港鎮守府第五特別陸戰隊等兵力在舟山群島登陸。

〔2〕《八路軍新四軍抗戰兩年來的戰績》一文發表發表：共作戰 3219 次，斃傷日軍 72030 人，斃傷偽軍 15430 人，俘日軍 1339 人，俘偽軍 9615 人，偽軍反正 19301 人。

6 月 21 日

〔1〕日陸軍第一〇四師團一個旅團和海軍佐世保鎮守第九特別陸戰隊分別在廣東省汕頭以東新津港附近和姆嶼呷登陸。

6 月 22 日

〔1〕首批美國援華物資（卡車 510 輛，軍布 300 噸）到達海防內運。

6 月 23 日

〔1〕日軍在浙江定海登陸。日本軍入定海城搜捕「抗日分子」，凡穿中山裝、繫皮帶、手有老繭、額有帽痕者均被抓，槍殺二十九人。同日封鎖海面，抓捕漁船三十餘隻，漁民船工四十餘人被害。

6 月 24 日

〔1〕蔣介石接見法國大使戈斯默商談中法遠東合作問題。

6 月 26 日

〔1〕汪精衛赴北平，與華北偽組織商談合流。

6月27日

〔1〕日軍侵佔潮安。

〔2〕日軍漸突破閩江口封鎖線，佔領川石島。

6月30日

〔1〕國民黨政府頒佈《限制異黨活動辦法》。企圖限制中共的抗日活動。

1939年7月 日軍進攻上黨地區受挫

7月1日

〔1〕新四軍周駿鳴第五支隊在安徽定遠縣成立。

7月2日

〔1〕日軍進犯蒙古邊境諾門坎，遭蘇蒙聯軍痛擊，大敗。

7月4日

〔1〕英、美發起中國周，擴大援華。

7月5日

〔1〕日軍在溫嶺登陸。

〔2〕范漢杰第二十七軍收復晉城、高平。

〔3〕僞軍「福建自治軍第一集團軍」余阿楻（余宏清）部3個營400餘人，在日海、空軍掩護下，分別從龍鳳頭、竹嶼口等澳口登陸，進攻縣城。平潭守軍僅有少數地方武裝，防守失利，縣長羅仲若率殘部退守大扁島。僞軍佔領平潭後，駐兵縣城，並在近郊設防。

7月7日

〔1〕中共中央發表《爲抗戰兩週年紀念對時局宣言》，提出三堅持（堅持抗戰、堅持團結和堅持進步）三反對（反對投降、反對分裂和反對倒退）。

〔2〕同日，何應欽在重慶市紀念抗戰兩週年大會上講：抗戰以來敵軍傷亡總數91.78萬人，俘日僞軍8555人，擊毀敵機716架，擊沉擊傷日艦644艘。

7月9日

〔1〕汪精衛發表聲明稱：第一，「宣佈與蔣介石派絕緣，進行和平救國運動」；第二，「共同防共」；第三，「親日、中日提攜」。

7月10日

〔1〕中山縣瀕海地帶，首遭洗劫。日寇爲控制海運，以達其封鎖目的，在中山縣登陸。

7月14日

〔1〕日軍調集一一〇、三十五、一〇八、三十六四個師團四面圍攻晉東南上黨地區。我劉茂恩第十四集團軍轉移到附近山地，發動側擊。日軍被迫回竄。中國軍隊陸續收復屯留、襄垣、武鄉、沁源、陽城、沁水。

〔2〕國民黨中央常委會決議：永遠開除褚民誼、周佛海、陳璧君等黨籍。

〔3〕中國人民抗日軍政大學總校開赴華北敵後。

7月23日

〔1〕中共中央發出《關於目前戰備形勢的指示》。指出：「敵在佔領武漢、廣州後的政策，即以引誘中國投降爲主，而以其軍事行動配合其政治陰謀。因此，敵在中國正面的進攻比較沉靜，而集中火力「掃蕩」敵後，強調反共，加緊攻打八路軍、新四軍。敵之誘降陰謀與「掃蕩」敵後，增加了我們的困難 。全黨同志應該深刻認識到抗戰是艱苦的持久戰，敵後抗戰尤其是艱苦，只有用一切努力克服投降危險，堅持敵後抗戰，克服反共危險，推動中國進步，增加抗戰力量，堅決奮鬥，才能爭取相持階段與最後勝利的到來。

7月24日

〔1〕日、英達成《有田一克萊琪協定》。這是「遠東慕尼黑」陰謀的重要組成部分。

7月26日

〔1〕八路軍第一二九師收復晉東南沁水縣。

〔2〕滇緬公路於 1938 年 12 月 2 日竣工，是日通車。

〔3〕美國務院宣佈廢除 1911 年在華盛頓簽訂的《美日友好通商航海條約》。

7月29日

〔1〕中共中央書記處發出《關於反對東方慕尼黑陰謀的指示》，指出英日在談判中，英國有重大原則讓步，它有「造成東方慕尼黑的可能的嚴重局勢」。

〔2〕從中旬起，日軍5萬餘人分七路向晉東南根據地圍攻，八路軍第一二九師等部經月餘艱苦作戰，先後收復屯留、襄垣、武鄉、沁源、陽城、沁水各城鎮。

7月30日

〔1〕蔣介石電駐美大使胡適及陳光甫促請美政府積極增援中國外匯平準基金。

7月31日

〔1〕安徽省長廖磊致電重慶賑濟委員會，略謂：黃河決口未堵，淮穎又遭橫決，本地水位超出去年1公尺有餘，其中阜陽受災區域占全縣十分之八，太和受災區域占全縣十分之七。皖北各縣兩受黃災，非賑不活之難民當在200萬以上。

1939年8月　日軍登陸東山島

8月1日

〔1〕八路軍第1縱隊在山東成立，徐向前任司令員。

〔2〕汪精衛由上海飛廣州，與日酋安膝進行勾結，並於9日發表《怎樣實現和平》的廣播講話，勸蔣介石反共投降。

〔3〕同日，經中共中央批准，八路軍第一縱隊成立，徐向前任司令員，朱瑞任政治委員，統一指揮山東地區八路軍等部。

8月15日

〔1〕朱德、彭德懷就張蔭梧反共，殺害、扣留八路軍人員，致電蔣介石要求迅速予以制止。

8月16日

〔1〕日軍侵佔深圳，封鎖香港。

8月18日

〔1〕陳誠，張發奎、余漢謀痛斥汪精衛的投降廣播講話。

8月23日

〔1〕蘇、德互不侵犯條約在莫斯科簽訂。

〔2〕日偽軍在東山島登陸。日本侵略軍指揮澀谷、偽軍司令鄭天福帶領日、偽聯合部隊，出動軍艦 5 艘、汽艇 20 艘，在 8 架飛機和數門大炮掩護下，於親營、白埕等地登陸。我第七十五師駐東山守備部隊、縣保安隊、警察和地方團隊英勇抗擊，但終因傷亡較大，只好退守西埔、坑內和城關。

8月24日

〔1〕國民黨中常會決議：開除漢奸梅思平、高宗武黨籍。

8月26日

〔1〕國民政府通令嚴緝漢奸周佛海、陳璧君。

〔2〕今日偽軍又占赤山和大路口。旅長史克勤率軍進東山島增援、督戰，縣長樓勝利率領民眾配合作戰。當晚，守軍兵分兩路反攻。梧龍村村民林馬興組織敢死隊，配合守軍乘夜襲擊，收復了白埕、黃山、赤山、大路口等地。日機肆行轟炸，軍民死傷慘重，副團長張潤生中彈陣亡。

8月27日

〔1〕在天津海河東堤，二十七師團百餘名反戰士兵，因偷渡海河與憲兵隔河槍戰，憲兵隊被打死 30 多人，反戰士兵也死亡了 10 多名。同一天，位於河東的日軍倉庫有 5 處被日反戰士兵燒毀。

8月28日

〔1〕蔣介石接見新聞記者，表示國際形勢演變不影響中國抗戰，決心貫徹既定方針，奮鬥到底，達成最後勝利。

〔2〕同日，汪精衛在上海召開中國國民黨第六次全國代表大會，通過了「和平、建國、反共」三大政治綱領。

8月30日

〔1〕國民黨派朱紹良在青海主持祭海典禮。是日參加者有蒙藏王公，昂索喇嘛等 240 餘人。蒙胞獻良馬 200 匹，以作抗戰之資。

〔2〕日本平沼內閣辭職後，30 日阿部內閣成立。宣稱：處理中國事變，建設「東亞新秩序」乃日本基本國策。

1939 年 9 月　日軍進犯中條山

9月1日

〔1〕在日本策劃下，偽「蒙疆聯合自治委員會」改爲「蒙疆聯合自治政府」。

〔2〕偽蒙疆聯合自治政府『在張家口成立，德穆楚克棟魯普爲主席，于品卿、夏恭爲副主席，李守信爲蒙古軍總司令。

〔3〕法西斯德國進攻波蘭，佔領但澤。是日，希特勒在德國國會作戰爭演說，稱「國會通過了但澤重返德國的法令」。第二次世界大戰全面爆發。

9月3日

〔1〕英、法對德宣戰。英國政府宣佈：英國海軍兵力對德國實施海上封鎖。

9月4日

〔1〕日本阿部內閣發表聲明：致力於「中國事變」的解決，而不介入歐戰。

〔2〕爲加強對關內侵華日軍的統一指揮，日本決定在南京設立中國派遣軍總司令部（總司令官西尾壽造上將），統一對華北、華中、華南侵華日軍的指揮。

〔3〕福建福清駐軍第八十師四七八團 1 個營、省保安大隊以及地方武裝約 1000 人，分三路渡海，反攻平潭。由縣長羅仲若帶路，直驅縣城，戰鬥至深夜，被圍偽軍乘機突圍逃往白犬島。6 日晨，平潭第一次克復。

〔4〕日本海軍佈雷艦艇在中國福建省湄州島附近海區布設水雷。

9月5日

〔1〕日本政府聲稱，正全力解決「中國事變」，對歐洲戰事採取不干涉態度。

〔2〕美國政府發表中立宣言。

9 月 7 日

〔1〕日本以梅津美治郎任關東軍司令官兼駐偽滿州國大使。

9 月 8 日

〔1〕凌晨 5 時 30 分，3 架日軍偵察機多次飛至延安上空盤旋偵察。上午 9 時許，日本 15 架轟炸機，由東南方向飛向延安上空投彈後，又向東北方向飛去，此後，又有 28 架日軍轟炸機由東南方向飛來，再次對延安進行轟炸。兩次轟炸共投彈 200 多枚，炸毀房屋 150 餘間，炸死炸傷延安軍民 58 人。其中遇難的有晉察冀軍區宣傳部副部長鍾文盤、八路軍一二九師政治部第三科科長鍾方申等人。

9 月 9 日

〔1〕美國政府表示不承認日本片面變更中國上海租界地位。

9 月 13 日

〔1〕湖北日軍向長沙進犯。

〔2〕國民政府軍政部長何應欽報告：日軍佔據 12 省內 521 縣。

〔3〕日軍在天津的軍用倉庫也被日反戰士兵點著，庫內的 10 萬雙馬靴，20 餘萬箱鞋和萬餘支步槍以及其他軍用物資全部化為灰燼。

9 月 14 日

〔1〕第一次長沙會戰開始。此前，日軍第十一軍調兵遣將，集中陸軍第六、第三十三、第一〇一、第一〇六師團及 3 個旅團共約 10 萬人，陸軍航空兵團約 100 架飛機及海軍一部的強大兵力，企圖集中打擊第九戰區主力，並在政略上實施日本政府以打誘降的計劃。中國第九戰區由薛岳指揮 16 個軍 30 多個師約 40 萬人的兵力，採取逐次抵抗誘敵深入的作戰方針，在長沙附近消滅進攻的日軍。此次會戰，主要在贛北、湘北、鄂南三個方向作戰。

〔2〕集結於奉新、靖安一帶的日軍第一〇一師主力、第一〇六師一部 9 月 14 日向高安、銅鼓方向發動進攻。中國守軍第四十九、第三十二、第五十

八、第六十軍英勇阻擊。因日軍主力迂迴至中國 4 個軍的後方，守軍被迫撤退至錦江及宜豐等地。

9 月 15 日

〔1〕下午，入侵東山島日偽軍退入城關，守軍乘勝追擊，展開攻城戰。16 日拂曉攻入城內，日、偽軍潰退下海敗逃。

9 月 17 日

〔1〕南昌日軍約兩個師團密秘向贛江以西移動，與中國軍隊在高安、奉新接戰。集結於岳陽地區的日軍第六師與奈良支隊（相當於團）9 月 18 日向新牆河北岸發起進攻，守軍第五十二軍奮力抗擊，反覆爭奪。

9 月 19 日

〔1〕汪精衛由滬赴寧，與偽華北臨時政府主席王克敏、偽維新政府主席梁鴻志開會協商在南京建立偽中央政府事宜。20 日達成如下協議：⑴召開中央政治會議，負責籌備建立中央政府；⑵中央政治會議主要討論政府的名稱、首都和國旗等重要事項；⑶中央政府建立後，設中央政治委員會負責議政；⑷中央政治委員會人員分配比例是三方各占三分之一；⑸三方分別在上海、北平、南京發表聲明，等等。

〔2〕日軍第一○一師一部攻克高安後，主力協同第一○六師西進，被我第七十四、第五十八軍等部阻於大塅（屬銅鼓）、黃沙橋（屬修水）等地。

9 月 21 日

〔1〕日軍為集中兵力西進，放棄高安。中國軍隊乘機反攻，收復高安，攻克上富、甘坊。

〔2〕集結於通城地區的日軍第三十三師團 9 月 21 日南犯，突破第二十軍第一三四師王牙尖、麥市陣地，

9 月 22 日

〔1〕德、蘇共同發表瓜分波蘭的公告。

9 月 23 日

〔1〕白犬島偽軍 800 多人，乘克復平潭的部隊撤離後，兵力空虛，在日

軍興亞院廈門聯絡部長大橋武官率海、空軍掩護下，再度攻佔平潭。縣長羅仲若率領游擊隊再次退守大扁島。

〔2〕日軍在炮兵、航空兵協同下，並施放毒氣，強渡新牆河。上村支隊一部在新牆河口的鹿角、九馬嘴登陸，從側後迂迴攻擊，堵截守軍退路。守軍第五十二軍因中毒人數較多，被迫撤至汨羅江南岸陣地，與日軍對峙。同日，上村支隊另一部乘艦經洞庭湖至汨羅江口的土星港、營田登陸，配合主力作戰。

9 月 24 日

〔1〕日軍第二十七師團進犯中條山，陷平陸、芮城。

〔2〕第二十七軍圍攻長子後，轉入山區，給予日軍以重大傷亡。

9 月 25 日

〔1〕湖北日軍進犯汨羅，第一次長沙會戰序幕拉開。當日，中國守軍第十五集團軍因側後受敵，逐步向第二線陣地轉移。日軍一部乘隙偷渡汨羅江，佔領新市。

〔2〕八路軍第一二〇師開始進行陳莊戰鬥。

〔3〕冀中軍區回民教導總隊，改編為第三縱隊回民支隊（馬本齋任司令員）。

9 月 26 日

〔1〕日軍猛烈向汨羅江南岸攻擊，守軍第三十七、第五十二軍奮戰竟日，後放棄汨羅江南岸陣地，誘日軍至長沙北面的福臨鋪、栗橋、三姊橋一帶設伏區。

9 月 27 日

〔1〕日軍攻佔龍門廠後，主力沿長壽街向獻鐘攻擊，在第七十九軍猛烈抗擊下，於 10 月 2 日回撤，經渣津東攻修水支持第一〇六師，遭守軍第八、第七十八軍夾擊，於 6 日由三都經九宮山退向通城。

9 月 28 日

〔1〕日軍第六師團上村支隊遭到伏擊，損失嚴重。同日奈良支隊攻陷平江。

9 月 30 日

〔1〕日軍第六師團與第三十三師團在獻鐘附近會合，東進受阻。這時，日軍由於補給困難，傷亡增多，陷於中國軍隊伏擊區內的不利境地，遂中止攻勢，於月底相繼北撤。第九戰區令第五十二、第三十七、第四軍等部實施正面追擊和側後圍堵。

1939 年 10 月　第一次長沙會戰殲敵四萬

10 月 1 日

〔1〕國民政府軍事委員會決定將原第九戰區劃分為第九第六兩個戰區。

〔2〕蔣介石接見中外記者，嚴斥汪精衛賣國降敵。

〔3〕同日，汪精衛二度赴日勾結。

10 月 2 日

〔1〕是日至翌日夜，中國空軍空襲漢口日軍機場，毀日機 50 餘架

〔2〕中國軍隊猛烈圍擊進犯長沙之日軍，日軍遂敗退。至 6 日，第一次長沙會戰結束，共殲滅日軍 4 萬餘人。

10 月 3 日

〔1〕日本海軍佈雷艦艇在中國浙江省鱉江附近海區布設水雷。

〔2〕第一次長沙會戰日軍以失敗而告終，今日起，日軍分途後撤。

10 月 4 日

〔1〕今日，日軍全線撤至汨羅江以北，中國軍隊收復汨羅、新市。

10 月 5 日

〔1〕東北抗聯第1路軍決定分散在長白山地區堅持艱苦鬥爭。

10 月 7 日

〔1〕英國駐華大使卡爾由香港飛重慶，9 日訪王寵惠，11 日赴成都與蔣介石密談。

10 月 10 日

〔1〕日軍第三十五師團為打開西進通道，集精銳千餘人向沁河北岸捏掌守軍進攻。我中國軍隊第九軍五十四師一部與敵展開激戰，在予敵重創之後，約300抗日官兵戰死沙場，180多位村民慘遭日寇殺戮。

10月11日

〔1〕中國軍隊10月上旬收復獻鐘、修水。長沙會戰我軍獲勝。岳陽日軍開始逃竄。至13日退守靖安、奉新原陣地，14日雙方恢復戰前態勢。

10月15日

〔1〕八路軍挺進軍在平西激戰妙峰山。

〔2〕日本陸軍第二十一軍第五師團的及川支隊（第九旅團）和中村支隊以及鹽田支隊（臺灣混成旅團），在日本海軍第五艦隊的第二航空隊和第十一驅逐艦戰隊的支持下，在中國廣西省欽州灣登陸。

10月23日

〔1〕八路軍一部破壞開封附近鐵道，毀火車兩列。

〔2〕安徽省政府主席、鄂豫皖邊區游擊總司令、第二十一集團軍總司令廖磊在立煌病逝，遺缺由李品仙就任。

10月24日

〔1〕日軍佔領邕寧。昆崙關位於邕寧縣九塘的崑崙山上，這裡南控南（寧）梧（州）公路，北扼（南）寧柳（州）咽喉，歷來為兵家必爭之地。

10月25日

〔1〕晉察冀邊區軍民展開冬季反「掃蕩」作戰。

〔2〕蔣介石接見英國駐華大使卡爾，囑其轉告英國政府：對於遠東問題，勿斤斤於目前利益，而應注重未來形勢。

10月26日

〔1〕美國參議院通過修正中立法案，各國需要美國軍火須「現購自運」。

〔2〕新四軍江南指揮部成立，陳毅任總指揮。

10月30日

〔1〕重慶至仰光的空中運輸線開通。

〔2〕日軍繼續向呂梁山騷擾，曾陷大寧、隰縣。

1939 年 11 月　黃土嶺八路軍擊斃阿部規秀

11 月 4 日

〔1〕日軍在廣東北海登陸。

〔2〕美國修改中立法案，廢除禁止輸出武器的條款，准許向交戰國出售武裝和軍用物資。

11 月 7 日

〔1〕黃土嶺戰鬥。晉察冀軍區部隊擊斃日軍阿部規秀中將，殲滅其所部第二混成旅團主力於淶源縣黃土嶺。此役共殲敵 900 餘人。

11 月 8 日

〔1〕新四軍江南指揮部（由第一、二隊領導機關合併）成立於江蘇溧陽西水村。陳毅、粟裕分任正副指揮，統一指揮第二、第四團，新編第三、第六團，江南人民抗日義勇軍，丹陽游擊縱隊和地方武裝，開展長江南北的抗日游擊戰爭。

11 月 9 日

〔1〕蔣介石接到羅斯福總統覆函，保護美國對華基本傳統之外交政策，決不變更。

11 月 11 日

〔1〕確山慘案（竹溝事件）發生。河南確山縣縣長許工超糾合數縣的國民黨常備軍及豫南游擊司令戴民權 1800 餘人，圍攻新四軍確山縣竹溝鎮留守處，並將留守處醫院中因抗日受傷、患病、致殘人員和家屬 200 餘人殺害。

11 月 12 日

〔1〕國民黨五屆六中全會在重慶開幕。

〔2〕中國晉綏軍在呂梁山地區反攻，先後收復鄉寧、大寧、隰縣、蒲縣等地。並向汾城、黑龍關一帶攻擊。

〔3〕白求恩（1890～1939）因搶救八路軍傷員，於 11 月 12 日淩晨在河北省唐縣黃石口村逝世。

11 月 13 日

〔1〕蘇聯駐華大使潘友新轉達斯大林覆蔣介石電，表示對華友好關係不變。

11 月 15 日

〔1〕桂南會戰開始。在日軍第二十一軍司令官安藤利吉中將指揮下，日軍第五師團在海軍第五艦隊的第三航空隊的支持下在廣西欽州灣登陸；另一部日軍在北海之企沙等地登陸。守軍新編第十九師第五十六團兵力單薄無法抵抗日軍進攻，而退守防城。至次日，日軍第五師團及臺灣混成旅團全部登陸。

〔2〕因歐洲戰爭爆發，英美軍事力量無力東顧，日本逐抽調在青島的第五師團南下歸第二十一軍指揮。1938 年第五師團師團長坂垣征四郎奉調回國，6 月 3 日起出任近衛內閣陸軍大臣。第五師團由今村均任師團長。是這次桂南會戰的主力。另一部爲臺灣旅團。

〔3〕中共中央中原局書記劉少奇，由延安抵達津浦路西淮南地區新四軍江北指揮部。

〔4〕國民政府軍事委員會部署對日軍發動「冬季攻勢」。

11 月 17 日

〔1〕日軍陷欽州、小董，並沿邕欽公路北進，南寧戰役開始。中國守軍第四十六軍新第十九師被擊潰，師長黃固臨陣退縮，隻身逃脫。第四十六軍退守板城、上思。

11 月 20 日

〔1〕增援桂南會戰部隊，杜聿明第五軍、姚純第三十六軍、傅仲芳第九十九軍向南寧、柳州、宜山集結。

〔2〕八路軍第四縱隊第五旅與國軍何柱國騎兵第二軍等部協同作戰，先後收復蒙城、渦陽縣城，將「掃蕩」日軍驅回原防。

11 月 21 日

〔1〕日軍攻軍田、銀盞坳，粵北戰役開始。

11 月 23 日

〔1〕桂南日軍渡過鬱江，進逼南寧。中國桂系第十六集團軍與日軍隔江對峙。

〔2〕「統一建國青年同志會」在重慶召開成立大會。參加會議的有中華民族解放行動委員會的章伯鈞、邱哲，中國青年黨的左舜生、曾琦、李璜、余家菊，國家社會黨的羅隆基（後退出該黨）、羅文幹、胡石青，救國會的沈鈞儒、鄒韜奮、張申府、章乃器，中華職業教育社的黃炎培、江問漁，鄉村建設協會的梁漱溟，以及社會賢達張瀾等。會議選舉黃炎培、章伯鈞、左舜生、梁漱溟等人為常務幹事，公推黃炎培為主席。

11 月 24 日

〔1〕廣西省會南寧失陷。南寧守備空虛，臨時使用汽車將三十一軍伍宗駿四〇五團一個團運到南寧守備。因兵力單薄而棄守。日軍第五師團第九、第二十一旅團佔領南寧之敵，隨即分向賓陽武鳴北犯，另支西侵石埠圩。攻佔南寧後，日本第二十一軍司令長官安藤利吉將作戰指揮權交給第五師團師團長今村均，率軍司令部返回廣州。棄守南寧的中國軍隊一部沿邕武路，主力沿邕賓路撤向高峰隘、八塘、崑崙關。

11 月 28 日

〔1〕偽軍頭目黃大偉率領 180 個日本兵和 2000 人的偽軍，在 5 架日機的掩護下，從汕頭進犯詔安汾水關。激戰三天，第七十五師四五〇團代團長張鶴亭陣亡，守軍撤出。12 月 1 日，日軍攻陷詔安縣城。

11 月 29 日

〔1〕梁漱溟會晤蔣介石，談共產黨問題（梁曾於去年 1 月到延安會晤毛澤東，今年曾到華北、華東淪陷區），主張加強統一合作，組織『統一建國青年同志會』。

〔2〕同日，南寧日軍進犯崑崙關，不逞。

11 月 30 日

〔1〕蘇芬戰爭爆發。1939 年 11 月 30 日晨，蘇聯軍隊進攻芬蘭，進展並

不順利。後 1940 年 2 月，蘇軍突破芬蘭堅固的曼納林姆防線。芬蘭戰敗求和。
3 月 12 日簽訂《蘇芬和約》。依約割讓原屬芬蘭的卡累利阿地峽、若干島嶼及
一部分半島。租借漢科港 30 年給蘇聯作海軍基地。

1939 年 12 月　我軍崑崙關大捷

12 月 1 日

〔1〕閻錫山以 6 個軍兵力，進攻隰縣、孝義一帶的山西新軍——決死二
縱隊。3 日，決死二縱隊第一九六旅旅部被閻軍包圍解決；大寧、隰縣等抗日
政權及抗日救亡團體屢遭摧殘，犧盟會幹部被殺害多人。山西十二月事變（晉
西事變）自此開始。

〔2〕日本政府發出禁止食用白米的布告。因農林省制定強購糧米的命
令，致使本月中旬東京等城市發生搶米風潮。

12 月 3 日

〔1〕日軍攻擊聞喜、夏縣一帶，血戰九晝夜，我軍擊斃江島大隊長，肅
清敵寇。第二十七軍先後攻佔長子、屯留個日軍據點。十四集團軍又進攻翼
城、絳縣。

〔2〕傅作義爲配合華中湘北作戰，以牽制華北日軍，決定進攻包頭。

12 月 4 日

〔1〕吳佩孚在北平以牙病手術逝世，年 66 歲（1874～1939）。相傳日軍
因其不受利用，故予以毒死。

〔2〕入侵廣西的日軍第五師團第二十一旅團及騎兵第五聯隊，在旅團長
中村正雄少將指揮下尾追後退中國軍隊，連日佔領桂南戰略要地高峰隘、崑
崙關。日軍在崑崙關一線，隨即採取守勢，與中國守軍形成對峙，主力則返
回南寧。

〔3〕桂林行營主任白崇禧調集夏威第十六集團軍、徐庭瑤第三十八集團
軍、蔡廷鍇第三十六集團軍準備反攻。

12 月 6 日

〔1〕朱懷冰第九十七軍主力侵入八路軍晉冀魯豫根據地邢臺、內邱以西

地區。同日，八路軍由冀南開往內邱以西，準備反頑鬥爭，摩擦升級。

〔2〕日軍第十次進犯中條山計劃又告失敗，遭到范漢杰部阻擊，日軍退聞喜、夏縣等地。

〔3〕第七十五師和新二師各一部，及詔安地方團隊，入詔安城內展開巷戰，俘虜日軍 40 餘人。次日，詔安縣城收復。

12 月 7 日

〔1〕閻錫山向全國發表了通電，宣佈決死二縱隊叛國，任命陳長捷爲討叛軍總司令對決死二縱隊進行合圍。決死二縱隊進行激烈自衛戰。

12 月 8 日

〔1〕晉冀豫邊區軍民發動邯長公路破擊戰。

〔2〕爲了執行冬季攻勢任務和策應桂南作戰，中國第四戰區司令長官部於 11 月底開始在粵北發動小規模攻擊。駐廣州日軍二十一軍爲擊破余漢謀第十二集團軍，擴大佔領區域，並破壞我冬季攻勢，策應桂南作戰，決定進行攻勢作戰。2 月 8 日，日軍一〇四師團佔領銀盞坳，但由於部署未完成，未再做大規模進攻。

12 月 10 日

〔1〕甘肅寧縣事變。國民黨隴東寧縣保安隊配合第九十七師一團向當地八路軍突然襲擊，12 日，八路軍撤出該城，至 1940 年 1 月，寧縣被九十一師佔領。

12 月 13 日

〔1〕傅作義率領指揮部人員，由陝壩到達五原，下達收復包頭的作戰命令。各部隊從西山嘴和扒子補隆開拔東進。在薩拉其渡過黃河。孫蘭峰爲攻城指揮官，18 日從黃草窪下達了攻城命令。

12 月 17 日

〔1〕日軍第五師團由綏淥經西長圩抵龍州。

12 月 18 日

〔1〕中國第六十五軍林廷華一五八師在銀盞坳向日軍激戰，將銀盞坳攻

克。日軍由增兵二千人進行反擊，一五八師退出了銀盞坳，雙方在其西南方
對峙。

〔2〕桂南我軍收復九塘，切斷了崑崙關守敵的退路，敵傷亡很大。日軍
第五師團師團長今村均中將陸續派第二十一聯隊、中村支隊、及川支隊救援，
皆被第五軍邱清泉的機械化戰車部隊擊退。今村均急令第二十一聯隊從南寧
出發增援崑崙關，該部突破沿途中國軍隊阻擊後與崑崙關日軍會合。徐庭瑤、
夏威、蔡廷鍇分任北、西、東各路總指揮，反攻南寧。拂曉，中國軍隊第五
軍榮譽第一師在戰車及炮火支持下，對崑崙關發動猛烈攻擊，日軍第五師團
第四十二聯隊第二大隊紛紛向核心陣地退卻。至中午，第五軍攻佔金龍山、
老毛嶺、羅塘、同興等高地，並進至九塘附近。

中國第五軍的戰車部隊

12月19日

〔1〕我第五軍榮譽第一師繼續向崑崙關發起猛攻，在空軍和坦克部隊的
支持下，在付出重大代價後一度攻克高峰隘突入崑崙關。崑崙關日軍第五騎
兵聯隊及步兵第二十一聯隊傷亡慘重。但第二十一聯隊主力在三木吉之助大
佐率領下抵達崑崙關，重新奪回主陣地。

緊急趕赴崑崙關前線的中國軍隊

12月20日

〔1〕中國第五軍榮譽第一師在正面進攻崑崙關過程中傷亡過大，被迫由第二〇〇師接替進攻。同日，日軍第五師團派遣第二十一旅團長中村正雄，指揮第四十二聯隊 2 個大隊向崑崙關增援，營救被困的第二十一聯隊。當日，中村支隊在五塘附近遭到中國新二十二師伏擊，經過苦戰和強行突破後勉強北進。中國第五軍、第九十九軍在邕賓公路截擊日軍增援部隊。日軍向崑崙關空投兵員、武器彈藥。

抗日戰場崑崙關

〔2〕同日，中國第八戰區傅作義第三十五軍，經四百里長途奔襲，反攻日軍騎兵集團司令部所在地包頭，並成功突入市區與日軍展開巷戰。新三十一師安春山團先由西北門攻入包頭城內，經過激烈巷戰控制了大半市區。採用守城打援的辦法，在昆獨侖召殲滅偽蒙軍一個團；在三和號附近殲滅了日援軍，擊斃騎兵聯隊長小原一明。

〔3〕廣東日軍佔領銀盞坳後，日軍分三路向粵北進攻。近幾日，東路第十八師團沿東江支流北上，佔領龍門、左潭圩，後陷翁源。西路日軍一○四師團佔領銀盞坳後，在陷琶江口、連江口。中路近衛旅團在呂田、牛脊背遭中國軍隊反擊，停止於太平圩。

12月21日

〔1〕中國第八戰區第三十五軍在包頭與日軍展開激烈巷戰。當日，日軍騎兵第一旅團另兩個步兵大隊抵達包頭，騎兵集團主力也回援，戰鬥十分激烈。中國第三十五軍激戰至23日主動撤出戰鬥。中國退伍軍人論壇第一○一師在毛鬼神窯子消滅援包日軍擊斃騎兵聯隊長小林一男。完成任務後，各部隊趁夜向中灘轉移，返回河套。

〔2〕日軍占龍州、鎮南關（今友誼關），掠燒三日，24 日撤回南寧。

12 月 22 日

〔1〕崑崙關戰役日軍中村正雄少將指揮的援軍第四十二聯隊兩個大隊遭到中國軍隊的頑強阻擊。崑崙關日軍第二十一聯隊多次急電要求增援。激戰至 25 日，中村支隊才推進至九塘。

12 月 23 日

〔1〕在華日人反戰同盟西南支部在桂林成立，作家鹿地亙任主席。

〔2〕第五軍杜聿明軍長又命令榮譽第一師強攻羅塘高地。榮譽第一師雖然經過幾天激烈戰鬥，傷亡較大，但仍然堅決接受命令。

12 月 24 日

〔1〕粵北日軍渡琶江大舉北犯。

〔2〕日軍第二十一旅團旅團長中村正雄率軍支持崑崙關過程中，遭到中國軍隊炮擊而重傷，至 25 日凌晨斃命。中村支隊（第四十二聯隊兩個大隊）改由第四十二聯隊聯隊長阪田元一指揮。

中國軍隊在崑崙關發起進攻

〔3〕同日，廣東日軍第二十一軍為改善戰略態勢，向中國第四戰區和第

十二集團軍方面發起進攻。由於廣西方面戰局緊張，日軍匆匆向韶關發起進攻，投入了第十八師團、第一〇四師團和近衛混成旅團。日軍發起進攻後進展迅速，先後佔領了翁源和英德，並迅速回撤將部隊投入廣西方面。

12月25日

〔1〕朱德、彭德懷、林彪、賀龍、劉伯承、蕭勁光、林伯渠和高崗等通電全國，反對槍口對內，進攻邊區。

〔2〕昆侖關戰役日軍援軍經過苦戰抵達九塘，當夜以一個中隊兵力乘夜色進入昆侖關增援，並帶去數萬發子彈，加強了第一線的守備力量。另一方面，日軍第五師團從第九旅團、臺灣混成旅團各抽調部分兵力馳援昆侖關。臺灣混成旅團在增援途中遭到中國軍隊阻擊，第二聯隊聯隊長渡邊信吉大佐被擊斃。

〔3〕我東路軍葉肇第六十六軍一五九師參加昆侖關東北高地作戰，佔領周邊諸多重要有利地形的高地。中國空軍前來助戰，向七塘、八塘日軍轟炸掃射。

12月29日

〔1〕第五軍主力再次對昆侖關發動圍攻，與日軍在昆侖關隘口周圍的崇山峻嶺上展開激戰，反覆爭奪廝殺。次日，中國增援部隊到達，向日軍發起更猛烈的進攻，相繼攻佔了同興、界首及其東南各高地，打破了昆侖關日軍的防線。

〔2〕日本反戰同盟由鹿地瓦率領在桂南前線對敵廣播。

12月30日

〔1〕柳州空戰，擊落日機8架。

〔2〕汪精衛和日本政府秘密簽訂賣國條約《日支新關係調整綱要》。

〔3〕劉少奇主持召開中原局會議，確定華中新四軍的戰略任務為：向西防禦，向東發展，開闢蘇北。

〔4〕屬於第九戰區的陳烈第五十四軍前來支持粵北，擊潰由翁源西犯的日軍。次日第五十四軍收復翁源。

12月31日

〔1〕中國軍隊攻克崑崙關。當日，中國第五軍在炮火支持下杜聿明部新二十二師及余漢謀部第一五九師向崑崙關發起最後衝擊，至 11 時肅清日軍，最終收復崑崙關，殘敵向九塘方向退卻。崑崙關戰役，中國軍隊付出極大犧牲取得最終勝利，據桂林行營主任白崇禧報告，擊斃敵第九旅團長中村正雄少將、第二十一聯隊長三木吉之助大佐、第四十二聯隊長阪田元一大佐以下 4000 餘人。擊落、擊毀日機 20 餘架。中國軍隊因採取攻勢，傷亡一萬餘人。稱為崑崙關大捷，並進逼南寧。

中國軍隊攻佔崑崙關陣地

第五章　1940 年：粵北鏖戰　收復綏西　棗宜會戰　百團大戰

1940 年 1 月　粵北連續收復銀盞坳等地

1 月 1 日

〔1〕國民政府重申嚴懲民族叛逆令。

〔2〕國民政府軍委會發表：抗戰以來，日軍死傷近 150 萬人。

〔3〕日軍萬餘人，以飛機爲掩護向我山西長子西南中國軍隊陣地攻擊。我第二十七軍兩個師與日軍反覆爭奪。第三日，日軍腹背受敵，被迫回竄，我軍追擊到長子近郊。

〔4〕廣西日軍增援部隊到達九塘，與崑崙關潰敗之殘部匯合，企圖再取崑崙關。第五軍決定乘勝攻擊，

1 月 2 日

〔1〕年底福建侵佔平潭僞軍，發生內訌。羅仲若帶領游擊隊，在福清駐軍八十師四七八團一部的協助下，第二次渡海作戰，收復平潭。

1 月 4 日

〔1〕日軍爲了「膺懲」傅作義部攻打包頭，日軍集中三萬人由平綏、同蒲兩條線大舉進犯河套地區，佔領五原、臨河、陝壩。中國軍隊退守狼山南麓，及黃河以南。

〔2〕第五軍新編第二十二師攻克九塘。次日，第五軍繼續追擊日軍，進攻八塘。雙方在九塘至八塘之間形成對峙狀態。至此，崑崙關攻堅戰結束。崑崙關戰役，充分顯示出了中國軍隊官兵在反侵略戰爭中的不怕犧牲精神，給堅持抗戰的中國人民以巨大的鼓舞，並爲後來再一次擊退桂南之敵，樹立了信心。

1 月 5 日

〔1〕蘇聯最高會議批准 1939 年 6 月 16 日之《中蘇通商條約》。

〔2〕由廣東省地方保安旅組成的暫編第二軍，投入抗擊日寇戰鬥行列。鄒宏爲軍長、古鼎華爲副軍長。今日該軍收復英德、清遠，建立戰功。

1 月 7 日

〔1〕冀南抗日根據地軍民開展春季反「掃蕩」。

〔2〕在粵北翁源、英德地區作戰的日軍第十八師團及近衛混成旅團，由廣州黃埔登船出海，由廣西欽州灣登陸，支持桂南作戰。

1 月 16 日

〔1〕汪精衛通電全國，決定從事「局部和平」。

〔2〕連日來在粵北我五十四軍、六十二軍、暫二軍聯合作戰，連續收復官渡、清塘、宗華、源潭、琶江口、銀盞坳。戰鬥結束。

1 月 17 日

〔1〕鄂南我軍克賀勝橋，鄂北日軍在隨縣、高城敗北。

〔2〕在晉南中國守軍連日殲滅日軍約 5,000 人。

〔3〕日軍第三十五師團爲保沁（陽）濟（源）西去戰略通道，以坦克 10 多輛，聚集精銳上千人，兵分三路於拂曉進攻柏香鎮，我中國守軍第九軍一部頑強抵抗，予敵以重創。由於敵眾我寡，防線最終被突破，除少數官兵突出重圍，數百將士壯烈犧牲，350 多位村民被日軍殘殺，730 多間房屋被燒毀，被搶財物不計其數。

1 月 21 日

〔1〕高宗武、陶希聖在香港致函大公報，揭發汪與日寇所簽訂的賣國密約——《日支新關係調整綱要》，及其附件之原文攝影整份。

〔2〕國民黨五屆五中全會在重慶開幕。

1 月 22 日

〔1〕高宗武、陶希聖電汪精衛，勸其懸崖勒馬。

〔2〕日軍在蕭山登陸，侵擾浙東。

〔3〕中國軍隊連續攻克邯長公路上的歷程、涉縣、東陽關。又收復潞城。

1 月 23 日

〔1〕錢江北岸日軍千餘人，乘漫天大雪，白衣白帽在蕭山縣西北六百敵頭渡江。蕭山淪陷。我守軍佈防於蕭山縣城之西富春江至曹娥江一線。「義烏營」守衛於蕭山南部鳳凰山前線，與敵奮戰 40 多天，數次被敵包圍轟炸，損失慘重。

1 月 24 日

〔1〕蔣介石為「日汪密約」發表「告全國軍民書」，及「告友邦人士書」，決加倍努力驅逐日寇，並盼友邦速予制裁。

1 月 28 日

〔1〕日軍第十八師團到達南寧以南，近衛旅團到達南寧東北七塘集結後，與在崑崙關敗下陣來的第五師團會合，分三路北犯，攻擊賓陽。我第三十八集團軍在賓陽指揮中心被炸，聯絡中斷。

1 月 29 日

〔1〕南寧日軍攻陷永淳。次日，南寧日軍自永淳北犯，陷甘棠、古辣。

1940 年 2 月　中國軍事會議總結桂南會戰的教訓

2 月 1 日

〔1〕延安各界 3 萬餘人舉行民眾「討汪」大會。毛澤東在會上發表了《團結一切抗日力量，反對反共頑固派》的演說，聲討和抨擊與汪派裏應外合的頑固派的反共行經，並為大會起草了《向國民黨的十點要求》的通電。

2 月 2 日

〔1〕日軍鑒於在崑崙關失敗，第二十一軍急調第十八師團、近衛混成旅增援桂南，企圖再攻崑崙關。第十八師團、近衛混成旅團分由良慶、七塘經甘棠、那河迂迴賓陽。迂迴崑崙關側後之日軍第十八師團和近衛混成旅團佔領賓陽。中國第三十八集團軍因指揮機關遭轟炸嚴重破壞，各部隊陷入混亂。賓陽失守後，崑崙關防禦已失去意義，中國第四戰區命令分屬第三十七、第三十八集團軍的第九十九、第三十六、第二、第六、第六十六各軍棄守崑崙關。

〔2〕為了保衛崑崙關勝利成果，中國從內地調兵遣將。崑崙關正面有李延年第二軍、姚純第三十六軍，西面甘麗初第六軍、傅仲芳第九十九軍接替久戰疲憊的第五軍。日軍迂迴佔領賓陽後，我軍崑崙關陣地側背受到威脅。第二軍腹背受敵，棄關撤退。在撤退中第九師師長鄭作民被炸殉國。

〔3〕日機轟炸滇越路，中外旅客死百餘人。

2月3日

〔1〕綏遠五原失陷。五原失陷後，傅作義在亞馬賴召開團以上幹部會議，總結襲擊包頭和綏西戰役的經驗教訓。

〔2〕中國桂林行營及第四戰區指揮官由於作戰指揮呆板，面對日軍迂迴作戰應對失當，造成經崑崙關戰役重大犧牲得到的戰果喪失。

2月4日

〔1〕桂南中國軍隊尚未集中完畢，日軍即開始進攻，第五師團、臺灣混成旅團對高峰隘至崑崙關之線實施正面攻擊，崑崙關再次失陷。

2月7日

〔1〕國民政府國防最高委員會成立，蔣介石任委員長。

2月8日

〔1〕日軍阪田聯隊主力由高峰隘向北進攻，入侵武鳴。第一七○師與敵血戰。入侵廣西的日軍第二十一軍在崑崙關、賓陽作戰目的達到，其第五師團、第十八師團、近衛混成旅團、臺灣混成旅團等部隊從崑崙關、賓陽、甘棠等地全線後撤，向南寧周圍集結。中日桂南會戰至此基本結束。

2月10日

〔1〕日軍在海南島登陸。

2 月 11 日

〔1〕桂南我軍攻克武鳴，殲滅日軍 5000 人，上林之日軍 2000 餘人亦被殲滅。

2 月 12 日

〔1〕日偽軍向東山島進攻，攻佔縣城。島內守軍奮起阻擊，於第四日下午收復東山縣。日偽軍轉而進犯海澄。海澄守軍在沈嶺附近與日偽軍發生激戰。1800 名日偽軍繳械投降。

2 月 14 日

〔1〕浙東日軍自蕭山東犯。

2 月 15 日

〔1〕福建我軍克東山島。

〔2〕綏遠戰場經傅作義部反攻，日軍放棄臨河、陝壩。

2 月 17 日

〔1〕駐廈門偽軍胡耐甫的警衛團和陳光銳的特務團，於上午由白坑登陸，直逼象山。在守軍第七十五師密集的炮火攻擊下，偽軍被困山地。在幾次突圍失敗後，軍心渙散。次日晨，守軍展開心戰攻勢。下午 3 時，偽軍胡、陳兩團長派人洽談起義事宜。5 時，持白旗投降，後改編為暫十三師。

2 月 19 日

〔1〕八路軍挺進軍攻克平西門頭溝。

2 月 22 日

〔1〕蔣介石在柳州召開軍事會議，總結桂南會戰的教訓。桂南會戰中儘管在崑崙關戰役中重創日軍，但是由於指揮上的消極死板以及部署上的失誤，造成了戰略上的失敗，導致冬季反攻中已取得的戰場主動權轉為被動。蔣介石除自責判斷錯誤外，還指出此次失敗的主因是上級指揮官戰鬥意志薄弱，而且「驕橫怠忽，竟至精神頹喪，決心毫無」。會後，蔣介石宣佈獎懲名

單：第三十五集團軍總司令鄧龍光、第四十六軍軍長何宣、第七十六師師長王淩雲各記功一次；指揮作戰的桂林行營主任白崇禧、軍事委員會政治部部長陳誠降級，第三十七集團軍總司令葉肇被扣押法辦，第三十八集團軍總司令徐庭瑤、第三十六軍軍長姚純、第六十六軍軍長陳驥、第九十九軍軍長傅仲芳及以下多名參謀長、師長被撤職查辦。這是賓陽戰役失敗政府自「七七事變」以來歷次戰役中高級將領受處分最多的一次。

〔2〕桂南會戰後日軍第十八師團調回廣東原處，歸還建制。

2月23日

〔1〕八路軍第一一五師一部東進，發展和鞏固冀魯豫邊抗日根據地。

〔2〕東北抗日聯軍第一路軍總司令楊靖宇在濛江縣（今靖宇縣）境內壯烈殉國。1939年末，楊靖宇率領小部隊轉赴濛江縣境活動，在濛江、輝南之間山區轉戰50餘天，戰鬥達30次之多。2月23日，楊靖宇在濛江縣保安村三道崴子被日偽軍層層包圍。楊靖宇在數日粒米未進，身體極度虛弱的情況下，他背靠大樹向日軍猛烈射擊，最後在日軍密集射擊下壯烈犧牲，時年35歲。

〔3〕周恩來到皖南新四軍軍部，傳達中共中央關於新四軍向敵後發展的方針。

2月25日

〔1〕侵華日軍第十一軍制定有關在漢水兩岸進攻中國第五戰區的《會戰指導方策》，以對中國1939～1940冬季攻勢進行較大規模的報復作戰。由此拉開了棗宜會戰的序幕。

2月26日

〔1〕我軍與日軍在豫南信陽激戰。

2月27日

〔1〕日軍在南寧、欽州加固工事固守。中國軍隊以收復南寧為目的，在邕江兩岸布置軍力。桂南日軍敗退至三塘。

2月28日

〔1〕皖南日軍進犯定宣城。

1940年3月　三十五軍收復河套地區

3月1日

〔1〕日軍開始進攻八路軍晉西北抗日根據地。

〔2〕上海工部局與日本駐滬總領事為虹口警權問題簽訂協定。

3月6日

〔1〕中共中央發出關子《抗日根據地的政權問題》的指示，指出我們在華北、華中等地建立的抗日民主政權，是統一戰線性質的政權，即幾個革命階級聯合起來對漢奸和反動派的民主專政。指示規定，在政權工作人員中，共產黨員、非黨的左派分子和中間派應各占三分之一，實行「三三」制。

3月11日

〔1〕毛澤東在延安中國共產黨高級幹部會議上作《目前抗日統一戰線中的策略問題》的報告，提出「發展進步勢力，爭取中間力，孤立頑固勢力」的抗日民族統一戰線的策略總方針和在對國民黨反共頑固派鬥爭問題上的有理、有利、有節的策略原則。

3月12日

〔1〕汪精衛在滬發表所謂「和平建國宣言」，要求重慶方面拋棄成見，立即停戰。

3月14日

〔1〕英、美通知日本，決維護「九國公約」，否認汪偽政權。

〔2〕佔領欽州的日軍近衛旅團由平吉方向、佔領南寧的第五師團由太平方向向中國駐守軍隊進行攻擊。一路佔領永淳、舊州、陸屋、靈山，抵達佛子嶺、牛塘一線。

3月15日

〔1〕朱德、彭德懷、葉挺、項英等聯名發表《八路軍新四軍討汪救國通電》。

3月16日

〔1〕南寧日軍進攻靈山。

3月20日

〔1〕汪精衛在南京與王克敏、梁鴻志商討偽府建都等。

〔2〕第三十五軍三十一師師長孫蘭峰指揮攻打五原城。當日收復西關和黑頭圪旦。

3月21日

〔1〕國民黨中央常委會決議，尊稱孫中山先生為國父。

〔2〕中國軍隊甘麗初第六軍九十三師、何宣第四十六軍、陳公俠第六十四軍一五六師渡過邕江向日軍攻擊，佔領大塘。次日佔領靈山，向沙坪方向推進。

3月25日

〔1〕經中日雙方五日的反覆爭奪，日軍大敗向包頭撤退，中國軍隊進駐五原城，綏西河套地區全部收復。

3月30日

〔1〕國民政府外交部照會各國駐華使節，鄭重聲明日寇所製造及所控制的南京汪偽政權完全無效。

〔2〕國民政府明令通緝賣國降敵漢奸陳公博、溫宗堯、梁鴻志、王揖唐、趙正平、趙毓松、任援道、王克敏、陳玉銘、何化人、江朝宗、高冠吾、張韜等77人。

〔3〕美國國務卿赫爾嚴正聲明，不承認南京汪偽政府。

〔4〕日軍華北方面軍制定《治安整頓綱要》。

1940年4月　日軍進攻晉東南

4月1日

〔1〕國民參政會一屆五次會議在重慶召開，會議發表討汪通電。

4月2日

〔1〕法國聲明不承認南京偽組織。

4月5日

〔1〕汪精衛與日本首相平沼騏一郎秘密簽訂亡華協定陰謀暴露。

4月8日

〔1〕鄂東第七軍守衛豫、鄂山區，軍部設在滕家堡。我軍今克復麻城。

4月9日

〔1〕贛北我軍攻克泰新、靖安。

4月11日

〔1〕連日來，日軍在中條山發動攻勢，我第四集團軍、第十四集團軍積極抗敵。21 日日軍攻陷平陸、芮城、茅津渡。

〔2〕日軍第一一四師團、二十七師團、獨立第八混成旅團 3.7 萬餘人，對冀中區進行分區「掃蕩」。冀中軍民經過 50 天奮戰，將敵擊潰。

4月16日

〔1〕行政院國務會議決議：任命邵力子為駐蘇聯大使。

〔2〕澤田茂指揮第十五師團、二十二師團以及第十二師團十四聯隊，總兵力六個聯隊約 2 萬餘人，集結於蕭山西興、長河一帶及杭州七里堡，分路進犯紹興、諸暨。並有崛田、山本、丸山、本田四部隊的輕轟炸機和弘中部隊的重轟炸機配合。第十集團軍總司令劉建緒組織莫與碩第八十六軍和馮聖法暫編第九軍及第二十一軍所屬潘左一四八師在諸暨戰場迎戰阻擊。

4月17日

〔1〕日軍分兩路進擊紹興，紹興城失陷。日軍從蕭山臨浦、富陽大源與紹興分頭進攻諸暨縣城。

4月18日

〔1〕中國軍事委員會總參謀長何應欽在洛陽召集第一、第二、第五戰區高級軍官軍事會議，研討晉南三角地帶中條山會戰的作戰準備。

4月23日

〔1〕下旬，日軍在晉東南亦發動攻勢，我四十七軍、二十七軍、十七軍與敵交戰。反覆爭奪高平、陵川、晉城、陽城等地。

〔2〕晉東南我軍在高平殲敵 5 千餘人，並於 25 日攻克陵川、陽城。

4 月 26 日

〔1〕汪僞國民政府在南京舉行所謂的「還都」典禮。汪精衛在典禮上講話稱，要與日本共同建設東亞。同日，汪精衛發表題爲《罪己的精神》一文，表示要以「罪己的精神」，擔負起「和平反共建國」的「責任」。

1940 年 5 月　棗宜會戰張自忠將軍殉國

5 月 1 日

〔1〕盤踞在武漢周圍的第十一軍爲鞏固武漢外圍，殲滅中國第五戰區主力，集結在鍾祥、隨縣、信陽，向我第五戰區發動進攻，企圖攻佔棗陽、宜昌。稱爲「棗宜會戰」（又稱第二次隨棗會戰，日軍稱宜昌會戰）打響。日軍以第三、第十三、第三十九師團和第六、第十五、第二十二、第三十四、第四十師團各一部，向棗陽、宜昌發起進攻。當日，日軍佔領了明港。

〔2〕由高平、端氏進攻之日軍傷亡慘重，大部回竄。

5 月 2 日

〔1〕國民政府任命萬福麟、鄒作華、馬占山、繆微流爲遼寧、吉林‧黑龍江、熱河四省省政府主席（流亡）。

5 月 3 日

〔1〕日機對重慶進行大規模空襲。

〔2〕由鍾祥北進之敵攻佔長壽店、田家集。次日，日軍第三十九師團及第六師團中一個旅團，向我黃琪翔第十一集團軍防區進攻。

5 月 5 日

〔1〕新四軍江北指揮部在盧江東湯池成立，張雲逸兼指揮。

〔2〕湖北高城、安居陷落，莫樹杰第八十四軍轉守隨縣西北唐鎮等地。

5 月 6 日

〔1〕信陽一路是日軍主力，向北激進，與我部主力激戰，佔領泌陽、舞陽、西平、上蔡各縣。

5月8日

〔1〕鄂北日軍分路向棗陽推進，今日被攻陷。第八十四軍第一七三師師長鍾毅於突圍時，行至蒼苔附近，與敵遭遇，在戰鬥中不幸陣亡。

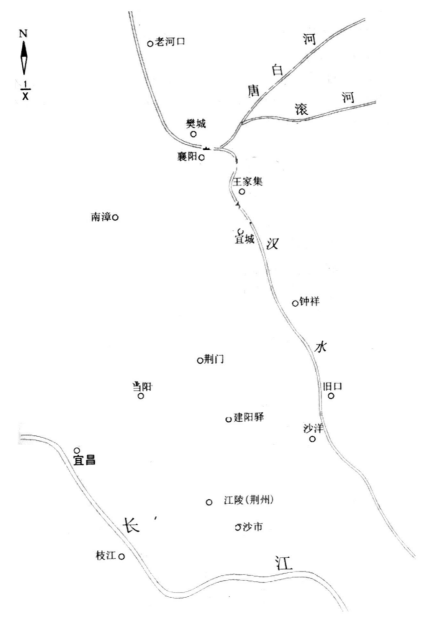

棗宜會戰形勢示意圖

5月10日

〔1〕皖南新四軍克復繁昌。

〔2〕日軍主力集中在襄東平原唐白河附近。我第三十一、第三十三、第二十九三個集團軍及九十二軍、九十四軍、第二軍轉移到外線，將日軍約四個師團來個反包圍在襄東平原，予以痛擊。

〔3〕英國政府外交部次長聲明不承認南京偽組織。

5月11日

〔1〕被圍在襄東平原日軍傷亡慘重，陸續東逃。我軍跟蹤追擊，斃敵數千。

5月12日

〔1〕棗宜會戰豫鄂邊境日寇全線崩潰，被第五戰區各軍殲滅 2 萬餘人。

5月13日

〔1〕日軍犯粵北，由神岡侵佔從化街口。

5月14日

〔1〕抗戰救國教學團團長李公樸等到八路軍總部。

5月15日

〔1〕鄂南國軍攻入蒲圻，圍攻通山。

5月16日

〔1〕第三十三集團軍總司令張自忠將軍，在襄陽南瓜店指揮作戰受傷仍不退，壯烈殉國。敵軍左側減少壓力，遂又攻取棗陽，但又於次日被我軍收復。

抗日殉國將領張自忠墓

5月17日

〔1〕棗陽、隨縣戰役我軍獲勝，日軍傷亡5萬餘人。自此，襄河東岸戰事暫時沉寂，我軍收復新野、唐河，待機反攻。而日軍積極準備進攻湖北宜昌。

〔2〕日軍一〇四師團沿廣（州）從（化）公路向粵北進犯。發動第二次粵北戰役。在良口、鴨洞口、雞籠崗、望到底等處進攻時，受到中國軍隊黃濤第六十二軍、張瑞貴第六十三軍、黃國梁第六十五軍的堅決抵抗。

5月20日

〔1〕晉南中國軍隊在整補後，開始總反攻。除晉城等少數據點外，我軍恢復原態勢。

5月22日

〔1〕重慶發生空戰，日機54架來襲。26日，日機136架分四批襲重慶。

5月26日

〔1〕日本宣佈封鎖中國沿海區域。

5月29日

〔1〕臺灣處於米荒聲中，日軍掠奪高雄州一期米 4 萬袋運往日本。

5月30日

〔1〕東北抗日聯軍第三路軍成立，李兆麟任總指揮。

5月31日

〔1〕汪精衛、周佛海等由上海去日本，洽商成立偽政權事。

〔2〕棗宜會戰第二階段日軍由宜城經襄陽歐家廟突過襄河西岸，向襄樊進犯。

1940 年 6 月　宜昌失守我軍退守三斗坪

6月1日

〔1〕魯中沂蒙山區軍民展開反「掃蕩」作戰。

〔2〕中日雙方在襄陽、宜城、南漳一帶交戰。四天中，各城池幾易其手。第五戰區原估計要在以襄樊地區爲中心進行決戰。

6月2日

〔1〕粵北第二次戰役激戰六、七日，日軍企圖未得逞。只得撤退，恢復現狀，戰役停止。我軍自稱殲日軍 6 千餘人。

6月3日

〔1〕我軍陸續克棗陽等地。

6月4日

〔1〕日軍第三師團、第三十九師團卻放棄南漳、襄陽、宜城由沙洋等地強渡襄河，與襄陽南下另一股日軍第十三師團大舉南竄，直指宜昌。我在襄陽一帶的主力，孫連仲第二集團軍、湯恩伯第三十一集團軍分途尾追南下之日軍。

6月6日

〔1〕日本內閣五相會議決定《建立中國新中央政府方針》。

〔2〕我軍覺察日軍意圖後，統帥部派陳誠到達宜昌，負責指揮宜昌戰事。原防守宜昌的周喦第七十五軍、李及蘭九十四軍在會戰初期已調出，江防空虛。隨即急調此兩軍回防。又調駐巴東的李延年第二軍，蕭之楚第二十六軍由江南岸水運到來。最後趕來了彭善第十八軍，作爲守城部隊主力。

6月7日

〔1〕八路軍總部公佈：八路軍正規部隊已由三年前的4萬多人發展近50萬人，創造了近1億人口的解放區和游擊區，共產黨員由戰前的4萬人發展爲80萬人。解放區戰場抗擊日軍達40萬，占侵華日軍68萬人的58%，抗擊了全部僞軍。

6月9日

〔1〕中日棗宜會戰激烈進行中。當日，日軍第三、第三十九師團從東北部，第十三師團從南部開始圍攻當陽，經過激戰中國守軍被擊退。

6月10日

〔1〕五日來，湖北連續失陷荊門、江陵、沙市、遠安。
〔2〕日本五相會議決議，全面支持援助汪精衛組織僞政府。
〔3〕西歐戰場爆發，德國進攻巴黎，法國戰敗。日軍窺視越南。

6月11日

〔1〕日軍飛機100餘架，分批猛襲重慶，被擊落7架。

6月12日

〔1〕第十八軍守城部隊倉促應戰，宜昌失陷。各軍退守三斗坪，指揮部移駐太平溪。經九戰區司令長官薛岳同意，將在江南的宋肯堂第三十二軍、彭位仁第七十三軍、周翔初第八十七軍、鄭洞國第八軍歸陳誠指揮，保衛江南。

6月13日

〔1〕僞滿實行農村生活必需品配給制。
〔2〕我軍在宜昌失陷後在江北當陽、鴉雀嶺、鎮境山等地與日軍激戰，爭奪激烈。

6月14日

〔1〕蔣介石致函羅斯福總統,派宋子文代表來美國,交換時局意見。

6月17日

〔1〕今日起,在六月下半月廣西日軍發起攻勢,沿邕龍路向西進犯。連陷第三十一軍蘇祖馨一三五師駐守的綏淥、板利、羅白、明江等地。

6月18日

〔1〕中國軍隊將當陽、荊門間交通截斷。敵主力在互襄河附近固守。我軍在採取外線作戰,在當陽、江陵、鍾祥、隨縣、信陽之線對敵包圍。棗宜會戰結束。

6月19日

〔1〕日成立劃分蒙古和偽滿洲國邊境的協定機構。

6月21日

〔1〕國民政府為英、日擅訂協定,解決天津白銀問題,發表聲明,予以指斥。

6月24日

〔1〕日本要求英國封鎖滇緬路,以壓迫中國屈服。

〔2〕蔣介石致電李宗仁、陳誠,為應付國際變化並保持部隊戰力,決定停止對宜昌的攻擊,棗宜會戰宣告結束。此次戰役是武漢會戰後,日軍對正面戰場最大規模的一次進攻。中國軍隊傷亡達 9 萬餘人,第三十三集團軍總司令張自忠將軍以身殉國,日軍傷亡 1.1 萬餘人。戰役後江漢平原大片糧食產區淪入敵手,並使宜昌成為日軍航空部隊轟炸重慶的前沿機場。

6月26日

〔1〕偽滿洲國皇帝溥儀抵東京,7月2日返回長春。

6月27日

〔1〕鄂東我軍克復黃陂。

6月29日

〔1〕豫境我軍一度克復商邱。

6 月 30 日

〔1〕我軍攻入開封，殲敵 2 千餘人。

1940 年 7 月　日軍封鎖閩浙海上交通線

7 月 1 日

〔1〕國民黨五屆七中全會在重慶召開，蔣介石致開幕詞，說明中國對外政策以「九國公約」為中心，以不變應萬變為指針，確保領土主權行政之完整，重奠東亞之和平。並決議設立婦女運動部、經濟作戰部。

〔2〕晉冀豫抗日根據地軍民展開反「掃蕩」作戰。

7 月 2 日

〔1〕日寇佔領廣西龍津（龍州）。

7 月 5 日

〔1〕中共中央發表《為抗戰三週年紀念對時局宣言》指出：「現在是中國空前投降危險與空前抗戰困難的時期」。要求國民黨政府取消「反共、限共、溶共、防共和剿共」的政策。

7 月 7 日

〔1〕延安八路軍總部公佈：八路軍正規部隊已由三年前的 4 萬餘人發展到近 50 萬人，創造了包括近 1 億人口的解放區和游擊區，共產黨員也由戰前的 4 萬餘人發展到 80 萬人。解放區戰場抗擊的日軍達 40 萬，占侵華日軍 68 萬人的 58%，抗擊了全部偽軍。

7 月 9 日

〔1〕宜昌近郊國軍殲日軍 9000 餘人。

7 月 12 日

〔1〕日海軍宣佈封鎖閩浙沿海交通。

7月15日

〔1〕英國政府答應日本要求，經緬甸對中國之軍火運輸停止 3 個月。

7月16日

〔1〕蔣介石接見中央社記者嚴正表示：希望英國守信重義，勿徇日寇要求，封閉滇緬路。

7月17日

〔1〕日軍海軍陸戰隊一部從鎮海城關和現北侖區的小港兩翼強行登陸，侵佔鎮海城關、小港等地。鎮海中國守軍一九四師和趕來增援的十六師予以反擊。在招寶山、戚家山等地與日本侵略軍激戰數日，斃傷日軍 400 餘人，迫使敵軍倉皇敗退。

7月18日

〔1〕日本、英國代表在東京簽訂封鎖滇緬公路緬甸段的協定。

7月20日

〔1〕八路軍領導人朱德、彭德懷、左權簽發了在華北地區向日軍佔領的交通線的預備命令，以粉碎日軍對華北抗日根據地的連續掃蕩，鞏固和擴大解放區，影響全國的抗戰形勢。

〔2〕日本人在重慶成立「在華反戰同盟」發表反戰同盟宣言、綱領，公開「協力中華民族自衛解放之抗戰」反對日本帝國主義戰爭等基本方針。

7月21日

〔1〕周恩來在重慶與陳嘉庚晤談，謂國共兩黨應繼續合作抗日。

7月22日

〔1〕「百團大戰」預備命令下發。由朱德、彭德懷及左權副總參謀長簽發的八路軍總指揮部關於《在華北發動一次大規模的進攻戰役的決定》上報中共中央軍委批准，下發第一二〇、一二九師和晉察冀軍區作爲預備命令。

7月24日

〔1〕周恩來自重慶飛延安，商決對付國民黨「七・一六提示案」問題。

〔2〕日英達成《有田—克萊琪協定》。這是「遠東慕尼黑」陰謀的重要
組成部分。

7月28日

〔1〕蔣介石在重慶晤見陳嘉庚時說：如欲抗戰勝利，須先消滅共產黨。

〔2〕新四軍進駐黃橋鎮。

7月29日

〔1〕中共中央書記處發出《關於反對東方慕尼黑陰謀的指示》。

7月30日

〔1〕陳嘉庚函蔣介石，對其現政治、經濟、交通等政策提出許多批評。

1940年8月　八路軍發起百團大戰

8月1日

〔1〕八路軍第一縱隊在山東成立，徐向前任司令員。

〔2〕江蘇省主席韓德勤部圍攻蘇中新四軍，被擊退。

〔3〕同日，日本外相松岡向法國大使要求，准許日軍通過越南及使用越
境機場。

8月2日

〔1〕日外相松岡發表外交政策聲明：以日、「滿」、華（指汪僞）爲樞軸
解決「中國事變」。

8月4日

〔1〕晉西北軍民展開交通破襲戰。奮戰8天破壞同蒲線大同至曲陽段及
汾離公路全線。

8月5日

〔1〕第四戰區中國軍隊克復桂南上金，日軍潰走龍州、寧明。

8月7日

〔1〕國民政府公佈《非常時期銀行管理暫行辦法》。

8月8日

〔1〕八路軍前指下達正太路破擊戰役（百團大戰）行動命令：晉察冀軍區主力 10 個團破擊正太線平定至石家莊段，重點在娘子關至平定段；第一二九師以主力 8 個團附總部炮兵團一個營，破擊正太線平定至榆次段，重點為陽泉至張淨鎮段；第一二〇師以 4 至 6 個團破擊同蒲路平遙以北及汾（陽）離（石）公路，以重兵置於陽曲南北阻敵向正太線增援。還要求各部派出兵力對本區範圍內敵占鐵路和重要公路封鎖線進行襲擊以配合作戰。這次戰役從 1940 年 8 月 20 日開始，到 12 月 5 日結束。

八路軍一二九師在山西武鄉關家堖戰鬥中與日寇激戰

8月18日

〔1〕國民政府外交部連日接獲駐法大使顧維鈞電告：日本已向法國提出多項條件，要求允許日軍假道越南進攻中國，及佔據越南各海口，與要求多種經濟特權等。

8月19日

〔1〕國民政府外交部接顧維鈞電陳，據外交團確息，法國已訓令其駐日大使，允以東京灣爲日本海軍基地。北圻爲軍事基地。

〔2〕本日及 20 日日機 190 餘架狂炸重慶，市區大火，民眾死傷慘重。

8 月 20 日

〔1〕百團大戰開始破襲正太鐵路。當日夜間，在八路軍前方指揮部的統一指揮下，晉察冀邊區部隊、一二○師、一二九師等參戰部隊按計劃對華北各線日僞軍據點同時發起進攻。隨著戰鬥的展開，陸續參戰部隊增加到 105 個團，約 30 萬人，因此此次戰役被稱爲「百團大戰」。百團大戰歷時 3 個半月，八路軍共作戰 1824 次，斃傷日軍 2 萬餘人、僞軍 5000 餘人，俘日軍 280 餘人、僞軍 1.8 萬餘人。拔除敵據點 2900 多個，破壞鐵路 470 餘公里、公路 1500 餘公里。百團大戰嚴重地破壞了日軍在華北的主要交通線，收復了被日軍佔領的部分地區，給侵華日軍以沉重打擊；鼓舞了全國人民奪取抗戰勝利的信心，提高了中國共產黨和八路軍的聲威。百團大戰沉重打擊了日軍的「囚籠政策」，同時將大量日軍牽制在華北敵後戰場，減輕了日軍對正面戰場的壓力。

八路軍攻克淶源東團堡

8月23日

〔1〕八路軍一部克復娘子關。

8月25日

〔1〕周恩來自延安飛抵重慶,提出調整游擊區域及游擊辦法,作為對國民黨「七‧一六提示案」的答覆。

8月27日

〔1〕廣東臺山上下川島為日軍所佔後,今日收復。

8月28日

〔1〕國民黨政府外交部長王寵惠發表第二次聲明,抗議法國允許日軍假道越南。

〔2〕日本平沼內閣辭職。30日阿部內閣成立,宣稱:處理中國事變,建設「東亞新秩序」乃日本基本國策。

1940年9月　日軍進入越南中國加強滇越邊防

9月1日

〔1〕在日本策劃下,偽「蒙疆聯合自治委員會」改為「蒙疆聯合自治政府」。

9月4日

〔1〕日本決定在南京設立中國派遣軍總司令部,西尾壽造上將為總司令官,統一對華北、華中、華南侵華日軍的指揮。

9月5日

〔1〕日本政府聲稱,正全力解決「中國事變」,對歐洲戰事採取不干涉態度。

9月6日

〔1〕國民政府明令定重慶為陪都。

9月10日

〔1〕中共中央《中央關於時局趨向的指示》，指出中共50萬大軍積極活動於敵後，尤其是此次華北百團戰役，給日寇以沉重打擊，給全國人民以無窮的力量和希望。

〔2〕德國軍隊佔領巴黎後，其同盟軍日本第五師團進入越南。桂南只留駐近衛旅團和臺灣旅團，佔據邕寧、欽州。兵力大大減弱。

9月11日

〔1〕中國軍隊爲阻敵從越南沿滇越鐵路侵滇，特將中越邊境河口鐵橋炸毀，並將滇越鐵路河口至芷丹百餘公里一段路軌拆除，以其材料供敘昆鐵路之用。

9月13日

〔1〕日機44架空襲重慶，被擊落6架。

9月14日

〔1〕第十八集團軍總司令部野戰政治部發表《百團大戰戰績初步總結》。

9月20日

〔1〕八路軍百團大戰第二階段開始，至10月初結束，其中心任務是擴大第一階段的戰果，繼續破襲交通線，重點是殲滅日軍及交通線兩側和深入根據地之敵僞據點。

9月23日

〔1〕國民政府外交部向法國貝當政府嚴重抗議有關越南事件之「法日協定」。

9月25日

〔1〕日軍一部在海防登陸，占越南諒山。自此，中國之西南國際路線中斷。

〔2〕八路軍第120師開始進行陳莊戰鬥。

〔3〕冀中軍區回民教導總隊，改編爲第三縱隊回民支隊（馬本齋任司令員）。

9月30日

〔1〕國民黨江蘇省政府主席兼魯蘇戰區副總司令韓德勤調集部隊 1.5 萬餘人，對江蘇省泰興縣黃橋地區的新四軍蘇北指揮部再次發動進攻。

1940 年 10 月　新四軍在黃橋重創韓部八十九軍

10月2日

〔1〕日海軍在劉公島登陸，英國留居該島水兵撤退。

10月3日

〔1〕英國首相丘吉爾接見中國政府駐英大使郭泰祺，決定開放滇緬路。

10月4日

〔1〕新四軍黃橋戰役。國民黨軍蘇魯戰區副總司令韓德勤調集 1.5 萬人，由江蘇省河安、曲塘一線南下，向黃橋地區新四軍蘇北指揮部發動進攻。新四軍蘇北指揮部以第三縱隊在正面抗擊國民黨軍第八十九軍等部的進攻，以第一、二縱隊圍殲八十九軍翁達獨立第六旅，爾後各縱隊圍殲第八十九軍等部。經 10 月 4 日晝夜激戰，至 5 日上午解決戰鬥，全殲蘇北韓部第八十九軍及獨立旅 1.1 萬餘人。軍長李守維因逃竄失足被淹死於「八尺溝」中，旅長翁達自戕。生俘第三十三師師長孫啟人、旅長苗瑞體。

10月5日

〔1〕東北抗聯第一路軍決定分散在長白山地區堅持艱苦鬥爭。

10月6日

〔1〕百團大戰第三階段開始。日軍以 3 萬餘兵力向我太行區抗日根據地進行報復性「掃蕩」，繼而擴大至整個華北抗日報據地。

10月7日

〔1〕昆明中日雙方進行激烈空戰。

10月11日

〔1〕我軍包圍皖南涇縣，殲敵 7 千餘人。

10 月 12 日

〔1〕我軍一部一度佔領馬當要塞，殲滅日軍守備隊及焚毀其司令部、彈藥庫等。

10 月 13 日

〔1〕鄂西中國軍隊炮擊宜昌日軍機場，毀日機 14 架。

〔2〕桂南日軍空虛，趁機我軍發起攻擊。今日，第三十一軍魏鎮一八八師向龍津推進。

10 月 14 日

〔1〕蔣介石接見英國大使卡爾，商談中、美、英合作問題。

〔2〕同日，英國政府宣佈正式開放滇緬路。

10 月 15 日

〔1〕蔣介石與航空委員會美籍顧問陳納德商談美國空軍援華問題。

10 月 19 日

〔1〕何應欽、白崇禧以國民黨政府軍事委員會正、副參謀總長名義發出皓電，強令華中的八路軍和新四軍 1940 年 11 月底以前一律開赴黃河以北作戰。這是國民黨發動的第二次反共高潮的序幕。

10 月 21 日

〔1〕蔣介石下達「手令」，限中共部隊 11 月底以前撤至黃河北岸，否則以武力解決。

10 月 22 日

〔1〕第三戰區副司令長官唐式遵、第二十軍軍長陳萬仞部攻克馬當，奪回要塞，控制江防。

10 月 25 日

〔1〕晉察冀邊區軍民展開冬季反「掃蕩」作戰。

10 月 26 日

〔1〕浙江紹興淪陷。29 日又克復。

〔2〕桂南日軍撤向越南。

10 月 29 日

〔1〕我三十一軍收復龍津（龍州）。

10 月 30 日

〔1〕八路軍第五旅、第六旅、第十旅及決死隊各一部在關家堖一帶將日寇第三十六師團岡崎大隊包圍。經過兩天激烈戰鬥，岡崎大隊 500 多人除 80 餘人僥倖逃跑外，其餘全部被殲。

〔2〕重慶至仰光的空中運輸線開通。

〔3〕中國第六十四軍連續收復高峰隘、三塘、剪子圩。次日，收復南寧。

〔4〕新四軍江南指揮部成立，陳毅任總指揮。

1940 年 11 月　日軍撤出欽州廣西全境光復

11 月 3 日

〔1〕黃炎培在中華職業教育社作《我對於抗戰的透視》的演講，指出，日軍大舉撤兵係「和平攻勢」，我應求進步堅持抗戰到底。

11 月 7 日

〔1〕中共中央發出《中央反對投降挽救時局的指示》。

11 月 8 日

〔1〕新四軍第三支隊在皖南繁昌展開反「掃蕩」作戰。

11 月 9 日

〔1〕朱德、彭德懷、葉挺和項英電覆何應欽、白崇禧（即佳電）請對江南新四軍北移寬以期限，江北部隊暫不調；對八路軍編制酌予擴編、并補充彈藥器械；解決陝甘寧邊地區血案、制止對邊區封鎖；明示時局方針，裁抑反動，駁斥聯合剿共內戰、投降之說。

11 月 12 日

〔1〕國民黨五屆六中全會在重慶開幕。

11月13日

〔1〕佔領廣西欽州日軍近衛旅團、臺灣旅團向龍門港撤退。

〔2〕日本御前會議通過處理「中國事變」綱要，決定在中國戰場轉入「長期作戰方針」，同時並即「南進」。

11月14日

〔1〕國民政府軍令部擬定《黃河以南剿滅共軍作戰計劃》：以第三、五戰區主力避免與日軍作戰，集中力量迫使新四軍撤至黃河以北，並限期 1941年2月28日前完成該計劃。此計劃於12月7日經蔣介石批准下達執行。

11月15日

〔1〕中共中央中原局書記劉少奇，由延安抵達津浦路西淮南地區新四軍江北指揮部。

〔2〕國民政府軍事委員會部署對日軍發動「冬季攻勢」。

11月16日

〔1〕日軍對華北各根據地進行「毀滅」掃蕩。

11月17日

〔1〕中國流動炮兵在武穴擊沉敵艦 1 艘。

〔2〕廣西佔領欽州日軍向龍門港撤退。至此，邕寧、欽州一帶日軍撤退完畢，廣西境內已無日軍。

11月18日

〔1〕全國各省及海外華僑捐獻飛機 1270 架。

11月19日

〔1〕中國國民政府下令封鎖滇越交通。

11月23日

〔1〕鄂北日軍進犯襄河，鄂北戰役開始。

11月24日

〔1〕中共中央令項英：新四軍軍部做好北移準備工作。

11 月 29 日

〔1〕汪精衛在南京正式就任僞國民政府主席職。

〔2〕駐漳州第七十五師夜襲廈門日軍,擊斃指導官松原敬。

11 月 30 日

〔1〕日本政府正式承認汪精衛僞政權。同日在南京發表「日、滿、華共同宣言」,並正式簽訂所謂「調整中日關係條約」九條,有友好、防共、駐兵及撤兵、經濟開發、取消領事裁判權及內地雜居等項。

〔2〕同日,國民政府明令:懸賞 10 萬元,嚴緝漢奸汪精衛。

1940 年 12 月　石友三通敵叛國被處死

12 月 1 日

〔1〕第三十九集團軍總司令兼第六十九軍軍長石友三通敵叛國,其部下新八軍軍長高樹勳不願做漢奸,遂報第一戰區司令長官衛立煌,謀殺石友三。經批准高樹勳請石友三的老長官孫良誠以開會爲名,邀請石前往濮陽柳林鎮。在會中將其綁架後,活埋於黃河岸邊。

12 月 7 日

〔1〕日本政府任命本多熊太郎爲駐南京僞政府大使。

12 月 8 日

〔1〕晉冀豫邊區軍民發動邯長公路破擊戰。

12 月 9 日

〔1〕蔣介石發出手令:「凡在長江以南之新四軍,全部限於本年 12 月 31 日開到長江以北地區,明年 1 月 31 日以前開到黃河以北地區作戰;現在黃河以南之第十八集團軍所有部隊,限本年 12 月 31 日止開到黃河以北地區,共同作戰」。次日,又令顧祝同『按照前定計劃,妥爲部署,將新四軍在皖南的部隊「立即解決」』。

〔2〕中共中央、中央軍委發出《關於晉西南事件及我們的方針的指示》。

12 月 10 日

〔1〕英國政府宣佈：貸予中國「平衡基金借款」及「信用借款」各 500
萬英鎊。

12 月 18 日

〔1〕蔣介石電駐蘇聯大使邵力子，告以中國絕無理由，以美國借款購買
俄械，囑向蘇聯當局堅決覆絕。

12 月 20 日

〔1〕蔣介石秘密頒佈《異黨問題處理辦法》。

12 月 22 日

〔1〕新四軍一部一度襲入南京城。

12 月 23 日

〔1〕國民黨政府下令封閉各地八路軍、新四軍中國共產黨的辦事處。

12 月 25 日

〔1〕蔣介石在重慶召見周恩來，告以八路軍、新四軍之渡河日期，謂：
「不得再行拖延」。

12 月 28 日

〔1〕新四軍軍分會決定部隊北移行動方案，決定皖南部隊全部繞道茂
林、三溪、旌德、天目山腳之寧國、郎溪到溧陽待機北渡。

12 月 29 日

〔1〕國民黨第三十二集團軍頒佈進剿新四軍的計劃，決定『以主力逐步
構築碉堡，穩進穩打，摧毀皖南方面的新四軍，務求徹底肅清之』。

12 月 30 日

〔1〕汪精衛賣國密約《中日新關係調整綱要》在上海簽字。

〔2〕劉少奇主持召開中原局會議，確定華中新四軍的戰略任務為：向西
防禦，向東發展，開闢蘇北。